SVLTO

Alan Bennett ist ein begnadeter Schriftsteller, aber auch ein passionierter Leser. Mit dezidierten Meinungen: voll des Lobs für seine Lieblinge, voll des Spotts für manch überschätzten Autor. Seine Lektüreeindrücke zeugen von seiner wilden Phantasie, überbordendem Humor und Argwohn gegen jede Bildungshuberei. Selbst seine literarischen Helden sind vor Spott nicht gefeit.

Alan Bennett
Der souveräne Leser

Aus dem Englischen
von Ingo Herzke

Verlag Klaus Wagenbach   Berlin

Der Verrat der Bücher *7*

Ratlos vor dem Regal *21*

Codebücher *27*

Prüfungslesen *31*

Lektüren 1980–1994 *37*

Kafka in Las Vegas *44*

Der Versicherungsbeamte Dr. K *61*

Aus dem Fenster starren *63*

Lektüren 1997–2004 *71*

Denton Welch *87*

Statt eines Geschenks *95*

Oh weh! Getäuscht! *103*

Lektüren 2000–2015 *125*

Quellenverzeichnis *140*

Der Verrat der Bücher

»Wisst ihr, was ihr werden solltet?«, sagte meine Mutter zu meinem Bruder und mir. »Gutsbesitzer. Als Gutsbesitzer verdient man bis zu zehn Pfund die Woche.« Dieser Satz fiel in den ersten Kriegsjahren in Leeds, mein Vater verdiente als Schlachter im Genossenschaftsladen an der Armley Lodge Road sechs Pfund in der Woche, und damit, meinten die beiden, ging es uns ganz gut. Aus heutiger Sicht erscheint also nicht so sehr die Bescheidenheit der mütterlichen Wunschvorstellungen erstaunlich, als vielmehr die Richtung, die sie nahmen. Warum Gutsbesitzer? Die Antwort lautet natürlich: Bücher.

Wir hatten tatsächlich Erfahrungen auf einem Hof gesammelt. Als der Krieg begann, war ich fünf, und Montag, der 4. September 1939, hätte mein erster Schultag werden sollen; doch leider kam es anders. Zu gerne würde ich berichten, dass meine Familie sich atemlos um den Radioempfänger scharte, wie die meisten Familien um elf Uhr an jenem Sonntagmorgen. Doch schon im Alter von fünf Jahren war mir klar, dass ich einer Familie angehörte, die zwar nicht im Geringsten bemerkenswert oder exzentrisch war, der es aber dennoch nie ganz gelang, sich wie normale Familien zu benehmen. Denn in diesem Fall wären mein Bruder und ich mit allen anderen Kindern bereits eine Woche zuvor evakuiert worden, das brachten meine Eltern jedoch nicht übers Herz. Also hatten wir wenig Anteil an der nationalen Gefühlslage und wurden wie üblich nicht von den Schwingen der Geschichte gestreift, da wir zum Zeitpunkt von

Mr. Chamberlains Radioansprache mit der Straßenbahn die Tong Road entlang in die Innenstadt von Leeds unterwegs waren. Meine Eltern hatten mit dem Schlimmsten gerechnet und meinem Bruder und mir angekündigt, wir würden zum Picknicken aufs Land fahren – eine Unternehmung, die mir bisher ausschließlich in Büchern begegnet war. An jenem schicksalsträchtigen Sonntag kreisten meine Gedanken also um die bevorstehende Begegnung meines Lebens mit der Literatur; dass ich in freudiger Erwartung einer Erfahrung, die ich nur aus Büchern kannte, vom bedeutsamsten Ereignis des 20. Jahrhunderts nichts mitbekam, scheint mir heute ein betrübliches Omen.

Und die traurige Lektion, dass das Leben die Versprechungen der Literatur selten halten kann, ließ auch nicht lange auf sich warten: Das ersehnte Picknick nahmen wir nicht wie in den Büchern auf einer schneeweißen Tischdecke im Gras an einem Flussufer ein, sondern auf einer Bank an der Bushaltestelle in der Vicar Lane, wo wir den halben Tag lang auf den Bus warteten, der uns endlich aus der angeblich dem Untergang geweihten Stadt bringen sollte.

Am frühen Nachmittag kam ein Bus, der in Richtung Pateley Bridge fuhr, was noch jenseits von Harrogate lag. Irgendwo auf dem Weg stiegen wir vier an einer ganz zufällig gewählten Haltestelle aus, und unsere Odyssee nahm ein Ende. Wir befanden uns in einem Dorf namens Wilsill am Flüsschen Nidd. Es bestand zwar nur aus ein paar Häusern, einem Laden, einer Schule und einer Kirche, doch obwohl wir meilenweit von der nächsten Stadt entfernt waren, hatte man auch hier das Gewässer aufgestaut, um einen ständigen Vorrat an Löschwasser bereitzuhalten, mit dem die Feuerwehr die zu erwartenden Bombenbrände eindämmen konnte. Der

Bushaltestelle gegenüber lag ein Bauernhof. Mein Vater war eher schüchtern, und auch wenn anderswo an diesem Tag sicher mutigere Taten vollbracht wurden, finde ich es immer noch heldenhaft, dass er an der Tür dieses Bauernhauses klopfte und wildfremde Menschen bat, uns Obdach zu gewähren. Die Familie hieß Weatherhead und nahm uns ohne jede Diskussion auf, so wie man überall in England in jener ersten Kriegswoche Menschen aufnahm.

Am Abend fuhr Papa mit dem Bus zurück nach Leeds, meine Mutter weinte, als müsse er zurück an die Front, und wir blieben fortan in Wilsill – aber wie lange? Mein Bruder, der damals acht war, behauptet, es seien drei Wochen gewesen; mir kam es mit meinen fünf Jahren wie mehrere Monate vor; aber ob Wochen oder Monate, die Zeit war jedenfalls sehr glücklich, bis irgendwann klar wurde, dass so schnell nichts passieren würde, und wir nach Hause zurückkehrten. Byril Farm (heute leider kein Bauernhof mehr, aber mit nachgemachten Kutschenlampen geschmückt) ist mir als einzige Episode meiner Kindheit in Erinnerung geblieben, die den in Büchern geweckten Erwartungen standhalten konnte.

Ich hatte zu dem Zeitpunkt schon einige Geschichten gelesen, denn ich hatte recht früh lesen gelernt, anscheinend einfach dadurch, dass ich meinem Bruder beim Lesen seiner Comics über die Schulter schaute, bis das Geschriebene auf einmal einen Sinn ergab. Obwohl ich gerne las (und gerne damit angab), wurde mir bald bewusst, dass die Welt der Bücher nur entfernt der Welt verwandt war, in der ich lebte. Die Familien, von denen ich las, waren nicht wie meine Familie (aber das war ja auch sonst keine Familie). Diese Familien hatten Hunde und Gärten, lebten in Dörfern, wo es reetgedeckte Häuschen und Mühlengräben gab, wo

Kinder Abenteuer erlebten, Leben retteten, Halunken fingen und Schätze fanden, bevor sie erschöpft, aber glücklich nach Hause zurückkehrten und auf karierten Tischdecken reichliche Abendmahlzeiten serviert bekamen, in gemütlichen alten Häusern mit niedrigen Deckenbalken, wo gelassene, Pfeife rauchende Väter und sanfte, Schürzen tragende Mütter das Regiment führten, die ausnahmslos mit »Mutti« und »Vati« angesprochen wurden.

Um diese fabelhafte Welt meiner eigenen näherzubringen, versuchte ich als ersten Schritt das übliche »Mama« und »Papa« durch »Mutti« und »Vati« zu ersetzen, doch ich wurde streng zurechtgewiesen. Mein Vater war sehr empfindlich jedem Anflug gesellschaftlicher Anmaßung gegenüber; es hatte sogar schon am Taufbecken einen Disput gegeben, weil eine meiner Tanten meinen Bruder mit zwei Vornamen versehen haben wollte, an Stelle des einen üblichen.

Wären es nur Geschichten gewesen, die mit der Welt nicht zusammenpassen wollten, hätte ich damit umgehen können. Doch nicht nur Fiktion erwies sich als Fiktion. Auch Fakten stellten sich als Erfindung heraus, denn Lehrbücher schienen ebenso wenig mit der Wirklichkeit zu tun zu haben wie meine Bilderbücher. In der Schule oder in meinem eigenen *Boy's Book of the Universe* las ich von den kleineren Wundern der Natur – von den Stichlingen, die sich selbst im gewöhnlichsten Teich herumtrieben, von Lurchen und Kröten, die unter jedem Stein lauern sollten, von Libellen, die über gekräuselte Wasseroberflächen schwirrten. Aber nicht in Leeds, soweit ich sehen konnte. In hohlen Bäumen wohnten Eulen, sagten die Naturkundebücher, doch ich konnte keine Eulen entdecken – und auch hohle Bäume waren recht dünn gesät. Nur in einer Hinsicht bewies die Natur Texttreue, nämlich beim Froschlaich. Den gab es selbst in Leeds, weshalb ich brav Marmeladengläser damit füllte und sie neben die großen welkenden Sträuße blauer Glockenblumen auf die hintere Fensterbank stellte. Doch die Kaulquappen wurden nie zu ausgewachsenen Fröschen, wie in der Literatur versprochen, sondern gaben unweigerlich zu Beginn der zweibeinigen Phase den Geist auf, worauf sie ohne Mamas Wissen heimlich die Toilette hinuntergespült wurden.

Das gleiche Bild bot sich im Urlaub. Wenn man den Büchern Glauben schenkte, war jede Küste von Seesternen und fein ziselierten Muschelschalen gesäumt, in jedem Felsbecken tummelten sich Seepferdchen oder gar Krabben, die ich bisher nur im Schaufenster von *Macfisheries* zu Gesicht bekommen hatte. In Morecambe an der Westküste ließen sie sich jedenfalls nie blicken, ebenso wenig wie die anderen verheißenen Attraktionen der Meeresküste. Zu sehen war nichts als ein riesiger, unbewohnter Streifen Schlamm und irgendwo dahinter das Meer, unsichtbar, unplanschbar und von Stacheldrahtrollen gesäumt, um etwaige Fallschirmspringer abzuschrecken, die sich ausgerechnet dieses Fleckchen zur Landung aussuchten.

Solche Hinweise auf den Kriegszustand und die allgemeine Knappheit von Süßigkeiten und anderen Leckereien brachten mich dazu, die Mangelerscheinungen der Natur ebenfalls auf den Ausbruch der Feindseligkeiten zu schieben. Ich kann mich nicht erinnern, dass ich vor meinem sechzehnten Lebensjahr blühende Magnolien gesehen hätte, und als ich sie dann zum ersten Mal erblickte, dachte ich: »Na, wahrscheinlich gab es die im Krieg nicht.« Genauso verhielt es sich mit Muscheln, Seesternen und anderen Wundern der Natur: Ihre kleineren Schätze waren eingelagert, solange Krieg herrschte, zusammen mit den Wegweisern, Neonlampen und den Automaten für *Five-Boys*-Schokolade, die auf jedem Bahnsteig standen und nun ausnahmslos leer waren.

Dieses Gefühl der Entbehrung hatte sich im Alter von sieben oder acht Jahren voll ausgebildet und bezog sich bisweilen auf bestimmte Worte. Ich hatte in zahlreichen Geschichten gelesen, zuerst wahrscheinlich im Märchen von den *Babes in the Wood*, wie das kindliche Heldenpaar sich zwar im Wald verirrte, aber die Nacht trotzdem behaglich auf *Kiefernnadeln* gebettet verbrachte. Diese offenbar erfreulich gemütliche Unterlage war mir noch nie begegnet, und ich fragte mich, wo man sie wohl finden mochte. Womöglich gar in Leeds? Es gab schließlich reichlich Parks in der Stadt – Gotts Park, Roundhay Park –, eine dieser Anlagen musste doch Kiefernnadeln bereithalten.

Und dann gab es noch *das Grün*, das ständig bei Robin Hood auftauchte. Jedes Ritterturnier wurde unweigerlich darauf ausgetragen. Was war dieses Grün? »Gras«, beschied mich meine Lehrerin Miss Timpson knapp; doch das konnte nicht sein. Gras waren die harten, rußigen Halme auf dem Bolzplatz an der Moorfield Road, wo wir abends nach der Schule spielten. Das war kein Grün. Als ich also von Wäldern in der Gegend von Bramley hörte, nur wenige Meilen von unserem Haus entfernt, machte ich mich auf die Suche nach dem Grün und hoffte, unterwegs auch gleich auf Kiefernnadeln zu stoßen. Ich wanderte an den Rhabarberfeldern von Hill Top vorbei, über die Stanningley Road ins Tal hinab, das von Kirkstall Abbey aus nach Westen führt. Aber dort fand ich bloß die gleichen modrigen Bäume und zähen Grashalme wie bei uns in Armley. Kiefernnadeln und Grün, Seesterne und Stichlinge – davon konnte man nur in Büchern lesen.

Und aus Büchern mussten auch die Gutsbesitzer gekommen sein, vielleicht aus Winifred Holtbys *South Riding* oder aus einem Roman von Phyllis Bentley: Diese beiden Schriftstellerinnen schätzte meine Mutter sehr – lokale Berühmtheiten (so wie viele Jahre später John Braine, der Autor von *Room at the Top*), die den Sprung aus der Textilfabrik oder dem Bergwerk geschafft und es zu etwas gebracht hatten, was natürlich bedeutete, dass sie in den Süden Englands gezogen waren. Ihre Bücher waren ebenso wie die, welche mein Bruder und ich lasen, aus der öffentlichen Bücherei von Armley geliehen, die am unteren Ende der Wesley Road lag: ein prachtvolles Gebäude, erbaut um die Jahrhundertwende, mit einer Marmortreppe und Schwingtüren mit farbigen Fenstern.

Die Jugendbibliothek befand sich in einem separaten Raum, und man konnte sich keine lesefeindlichere Einrichtung für Kinder denken. Die Sammlung wurde von einem grimmigen Armeeveteranen bewacht, einem Überbleibsel aus dem Burenkrieg, der mit seinen Orden und dem mächtigen weißen Schnauzbart genau wie Hindenburg auf den deutschen Briefmarken im Sammelalbum meines Bruders aussah. Die Bücher waren eins wie das andere in robuste schwarze oder braune Einbände gehüllt und wirkten also wenig verlockend, ob es sich nun um G. A. Henty, Captain Marryat oder die *Dr.-Dolittle*-Bücher meines Lieblings Hugh Lofting handelte.

Im Vergleich dazu war die Erwachsenenbibliothek hell und fröhlich. Papa suchte dort nach etwas Lustigem von Stephen Leacock oder »nach einer guten Geschichte«, wie er es nannte, während Mama in der Sachbuchabteilung nach ihren bevorzugten kleinen Fluchten in die vornehme Welt Ausschau hielt – märchenhafte Erzählungen von Paaren, die alles aufgegeben hatten, um einen kleinen Hof zu bewirtschaften (angehende Gutsbesitzer), oder Frauen wie Monica Dickens, die etwas auf eigene Faust gewagt hatten. Ihr besonderer Favorit war William Holt, und sein Bericht *I Haven't Unpacked* war eines der wenigen Bücher, die Mama in ihrem Leben erwarb. Auch das war eine Art Flucht: die Geschichte eines Mannes, der wie sie in einer Textilstadt aufgewachsen war, sich eines Tages ein Pferd gekauft hatte und zu seinen Wanderungen aufgebrochen war.

Dieses Fluchtthema, das bei H. G. Wells oder J. B. Priestley besonders stark ausgeprägt ist, hielt meine Eltern den größten Teil ihres Lebens in Bann. Ich nehme an, sie träumten selbst von Aufbruch, und inzwischen kann ich diese Träume nachvollziehen, da ich mich selbst ebenso an meinen Schreibtisch gefesselt fühle wie mein Papa sich an seine Ladentheke. Die Flucht gelang ihnen jedoch nie ganz, obwohl sie es einmal versuchten, als mein Vater gegen Ende des Krieges seinen Posten bei der Genossenschaft aufgab und auf eine Anzeige im *Meat Trades Journal* antwortete, die eine Anstellung bei einem privaten Schlachter in Guildford bewarb. Und so lebten wir ein Jahr lang in Guildford. Im Süden Englands. Dort gab es reetgedeckte Häuschen, Mühlengräben und Kinder, die ihre Eltern »Mutti« und »Vati« nannten – die Welt, von der ich in meinen Büchern gelesen hatte und Mama und Papa in ihren.

Reetdächer hin oder her, sie wurden dort nicht glücklich, und an einem elenden Dezemberabend im Jahr 1945 stiegen wir vier in Holbeck wieder aus dem Zug und zockelten untröstlich zum Haus meiner Großmutter und zurück in die Wirklichkeit. Eine weitere Lektion dazu, dass man nicht alles glauben sollte, was in Büchern steht.

Danach erschienen auf den Händen meiner Mutter ab und zu schreckliche Ekzeme, die Haut an den Fingergelenken platzte auf und schälte sich ab. »Meine Hände sind wieder ausgebrochen«, sagte sie dann und schob es auf die falsche Seife. Doch es schien, als sei sie nun eingesperrt und dieser »Ausbruch« der einzige, zu dem sie noch fähig war.

Die wenigen Bücher, die wir besaßen, waren meist Nachschlagewerke, die per Subskription von Zeitschriftenverlagen erworben worden waren: *Enquire Within*, *What Everybody Wants to Know* und schließlich *Everybody's Home Doctor* mit seinen Illustrationen eines männlichen und eines weiblichen Exemplars des menschlichen Körpers (abzüglich der Geschlechtsteile und Schambehaarung). Anthony Powells Zitat, »Bücher richten ein Zimmer erst richtig ein«, konnte meine Mutter nicht beipflichten. Ihr Grundsatz lautete eher: »Bücher bringen Unordnung ins Zimmer«, oder wie sie sich ausgedrückt hätte: »Bücher machen Wirtschaft.« Wurden also Bücher gelesen, mussten sie zwischendurch außer Sicht geräumt werden, normalerweise in das Schränkchen, das früher dem Grammophon Platz geboten hatte, welches sie nach ihrer Heirat beim Bezug der ersten eigenen Wohnung erworben hatten.

Diese Heimlichkeit im Umgang mit Büchern setzte sich noch lange fort, auch als ich längst erwachsen war und selbst Bücher besaß. Ich arbeitete im Gästezimmer, das allerdings nie durch eine solche Bezeichnung geadelt wurde und immer nur die Trödelkammer hieß. Dort wurden jetzt die Bücher aufbewahrt, und dort, zwischen den kaputten Lampenschirmen und alten Teppichflicken, der Nähmaschine und den Familienkoffern, stellte ich meinen Schreibtisch auf. Zuerst war es die Arbeit an meinem Examen, dann waren es Forschungen zur Geschichte des Mittelalters und schließlich meine eigenen literarischen Ergüsse, doch für meine Mutter war es immer das Gleiche: Für sie hatte sich mein Leben seit meinem vierzehnten Lebensjahr und dem Pauken für den Schulabschluss nicht geändert, und so hießen Examensarbeit, Forschung oder Theaterstücke bei ihr bloß »dein Gebüffel«.

Als junger Mann hatte mein Vater selbst literarische Ambitionen entwickelt und sich an Wettbewerben in Zeitschriften wie *Tit-Bits* beteiligt, sogar kurze Artikel eingesandt und Geld dafür bekommen. Seit den Vierzigern konzentrierte er seinen Ehrgeiz auf ein einziges Preisausschreiben namens *Bullets*. Das war eine Einrichtung des Magazins *John Bull* und verlangte von den Einsendern eine griffige Formulierung zur Beschreibung eines vorgegebenen Sachverhalts, eine witzige, ironische oder zweideutige Sentenz – im Grunde einen verbalen Cartoon. Eine Zeitlang gewann er regelmäßig kleine Beträge, doch obwohl er auch während des Krieges und darüber hinaus dabeiblieb, bis die Zeitschrift schließlich in den späten Vierzigern einging, gewann er insgesamt nur ein paar Pfund.

Ich konnte mich mit den *Bullets* nie anfreunden und begriff auch den Humor oder den Sinn der erfolgreichen Einsendungen nicht. Sie kamen mir vor wie die Witze des Radiokomikers Tommy Handley – alle fanden sie sehr komisch, aber niemand konnte darüber lachen. Was ich an *John Bull* vermisste, als es nicht mehr erschien, waren die Titelbilder, vor allem die Landschaften von Rowland Hilder – idyllische Bauernhöfe zwischen Hügeln, Buchen vor Winterhimmel – oder die Dorfbilder des taubstummen Malers A. R. Thomson, der ebenso typisch englisch war wie Norman Rockwell amerikanisch.

Als mein Vater älter wurde, war er des Öfteren krank und fing deshalb an wieder mehr zu lesen, doch jetzt war er nicht mehr so wählerisch und versuchte es mit jedem Buch, das er in meinem Regal fand. Da er von literarischen Meriten keine Ahnung hatte und Bücher nur danach beurteilte, ob er »richtig reinkam« oder nicht, verschlang er Evelyn Waugh und Graham Greene, genoss Nancy Mitford, aber konnte (am anderen Ende der Skala) John Buchan oder E. F. Benson nicht ertragen; mit Orwell wurde er gerade so fertig (»obwohl es mit der Geschichte nicht weit her ist«), und Gavin Maxwell und besonders Wilfred Thesiger gefielen ihm recht gut. Als er zu dem Kapitel gelangte, wo einer von Maxwells zahmen Ottern von einem schottischen Straßenarbeiter ganz beiläufig mit dem Spaten erschlagen wird, brach es aus ihm hervor: »Was für ein mieses Schwein!«

Dieser Satz hatte selbst einen literarischen Hintergrund und war eine Art Familienwitz. Als Kind war Papa einmal ins Grand Theatre geschleift worden, um eine Bühnenfassung von *Uncle Tom's Cabin* zu sehen. Als Onkel Tom vom Aufseher Simon Legree ausgepeitscht wurde, rief neben Papa im Rang eine Frau laut: »Du mieses Schwein!« Der Schauspieler, der den Simon Legree gab, hielt inne, sah zum Rang hinauf, zog eine Grimasse und prügelte mit doppelter Härte weiter.

Als das Leben meines Vaters sich dem Ende näherte, war ich so von unserem deckungsgleichen literarischen Geschmack überzeugt, dass ich völlig vergaß, wie genierlich und heikel er war und wie fern meine Welt der seinen inzwischen lag. Vielleicht spielte auch eine Portion Selbstgefälligkeit mit: »Ich denke, du bist jetzt so weit«; aber als ich ihm *Portnoys Beschwerden* von Philip Roth schenkte, glaubte ich wirklich, er würde es genauso witzig finden wie ich. Eigentlich wollte er immer rasch mit mir über seine Leseerfahrungen reden, doch bei meinem nächsten Besuch zu Hause erwähnte er das Buch mit keinem Wort. Später entdeckte ich es im Regal, und der Schutzumschlag als Lesezeichen zeigte mir, dass er nach nur zwanzig Seiten beschlossen hatte, es handele sich um Pornografie und sei nichts für ihn und daher natürlich im Grunde auch nichts für mich, obwohl er nichts dazu sagte. Diese Fehleinschätzung macht mir heute noch zu schaffen.

Meine Mutter war weltoffener und hätte sich über *Portnoys Beschwerden* womöglich prächtig amüsiert, aber Papas literarische Erweckung hatte nie auf sie übergegriffen, und ihr Lesestoff beschränkte sich jahrelang auf die Frauenzeitschrift *Woman's Own*, und darin im Besonderen auf die Kolumne von Beverley Nichols, zu deren glühenden Anhängerinnen sie zählte. Doch als sie die Schwestern Brontë des Öfteren in der *Yorkshire Evening Post* erwähnt fand, redete sie sich ein, dass sie deren Bücher gelesen hätte oder vielleicht gerne lesen würde – vielleicht, weil sie (wieder eine ihrer Fluchten) ihre angestammte Umgebung zwar nicht körperlich, aber doch geistig und künstlerisch hinter sich gelassen hatten. An einem rauen Februarmorgen in den späten Vierzigern stiegen wir beide also in Keighley in den Bus nach Haworth, um uns das berühmte Pfarrhaus anzusehen, in dem die drei gelebt hatten. Damals war Haworth noch gar nicht so berühmt und sich seines Potentials als Touristenfalle erfreulich wenig bewusst – die Popularität als Schauplatz der Fernsehserie *Last of the Summer Wine* lag damals in ferner Zukunft. Bestimmt hat der Ort einen gewissen Charme besessen, doch mir kam er lediglich wie eine von vielen trostlosen Textilstädten vor, und während wir den langgezogenen Hügel hinaufstapften, konnte ich nichts anderes denken, als dass es hier sicher sonntags noch trostloser war.

Wir waren an jenem Tag die einzigen Besucher des Pfarrhauses, und es war darin genauso feucht und finster, wie es zur Zeit der drei Schwestern gewesen sein musste. Selbst für das Jahr 1948 war es in seiner Schäbigkeit und seinem Verfall ein äußerst exzentrisches Museum, und die Dame, die es betreute, war vielleicht keine Zeitgenossin der Brontës mehr, aber schien immerhin eine Leidensgenossin zu sein. Die Ausstellungsstücke im Haus waren unregelmäßig beschriftet. An das Sofa, auf dem Emily das Zeitliche gesegnet hatte, war beispielsweise lediglich ein gelber Zettel mit einer knappen Botschaft geheftet: »Sofa, auf dem Emily starb«. Mama war entsetzt. Der Herd konnte eine Abreibung mit Graphit vertragen, und die Vorhänge waren einfach eine Schande. »Hatten wohl zu viel mit Schreiben zu tun, um das Haus in Schuss zu halten«, kommentierte sie.

Auch wenn es noch eine ganze Weile dauerte, bis man die Vergangenheit allgemein mit der geschmackvollen Patina des »kulturellen Erbes« überzog, kann dieser viktorianische Zustand im Pfarrhaus von Haworth nur noch wenige Jahre überdauert haben. Hätte man alles so gelassen wie damals, könnte man es heute komplett in ein Museum stellen, vielleicht in ein Museum der Museen. Das wäre mit Sicherheit interessanter und vielsagender als die *Laura-Ashley-*Filiale, zu der das Pfarrhaus heutzutage geworden ist, obwohl es kaum Zweifel geben kann, welche Version Mama bevorzugt hätte.

Meine Eltern hatten immer das Gefühl, dass ihr Leben anders verlaufen wäre, ja sogar ihr Charakter sich gewandelt hätte, wenn sie mehr Schulbildung genossen hätten. Sie stellten sich vor, dass Bücher ihnen ihre Hemmungen nehmen und ihnen erlauben könnten, »sich unter die Leute zu mischen« (das war immer ihr Ehrgeiz). Eigentlich waren sie still und nicht besonders gesellig, doch ihr Leben lang pflegten sie ihre Sehnsucht nach »Weiterentwicklung« und sahen in Büchern den Schlüssel dazu. Diesen unerfüllten Traum haben sie an mich weitergegeben, sodass ich oft bemerke, wie ich unbewusst eine immer gleiche Szene in meine Theaterstücke oder Drehbücher eingebaut habe: Jemand steht vor einem Bücherschrank; vielleicht ein Junge ohne Schulbildung, der sich nicht traut, ein Buch herauszugreifen, oder eine Ehefrau, die gern an der literarischen Welt der Männer teilhaben möchte; es könnte auch Joe Orton in *Prick Up Your Ears* sein, der das Bücherregal seines Geliebten Kenneth Halliwell betrachtet und verzweifelt feststellt, dass er das nie aufholen kann, oder sogar Coral Browne in *An Englishman Abroad*, die in den Büchern des Spions Guy Burgess herumblättert, während sie über Cyril Connolly ausgefragt wird, den sie gar nicht kennt. Auf die eine oder andere Weise stehen sie alle für meine Eltern und deren Unsicherheit Büchern gegenüber. Und obwohl Bücher mich nicht vor Rätsel stellen, kann ich gleichzeitig nicht begreifen, wie man sie lieben kann. Ich verstehe nicht, wie jemand »Literatur lieben« kann. Was soll das heißen? Einer der Vorzüge des Lebens als Gutsbesitzer ist natürlich, dass man sich nie mit solchen Fragen herumschlagen muss.

Ratlos vor dem Regal

Dieser Vortrag war Teil einer Kampagne zur Rettung lokaler Bibliotheken, darunter auch unserer eigenen in der Sharpleshall Street, Primrose Hill, die inzwischen als Gemeindebücherei weitergeführt wird.

Ich war in Bibliotheken immer glücklich, ohne mich ganz und gar wohl zu fühlen. Eine Szene taucht deshalb immer wieder in meinen Stücken auf: Eine Figur, oft ein junger Mann, steht ratlos vor einem Bücherregal. Er – und gelegentlich auch sie – ist überwältigt von der Menge an Geschriebenem und noch zu Lesendem. »All diese Bücher. Das werde ich nie aufholen«, jammert der junge Joe Orton im Filmdrehbuch zu *Prick Up Your Ears* (1987), und in *The Old Country* (1977) reagiert ein anderer junger Mann sogar so dramatisch, dass er die Hälfte der Bücher zu Boden schleudert. In *Me, I'm Afraid of Virginia Woolf* (1978) drückt jemand seinen Verdruss über die Literatur aus, indem er Brüste auf ein Foto von Virginia Woolf zeichnet und E. M. Forster mit einer dicken Zigarre ausstattet. Orton übrigens stand wegen Verunstaltung von Bibliotheksbüchern tatsächlich vor Gericht, bevor er selbst welche schrieb. Diese Verbitterung, die ich wohl zu einem gewissen Grad teilte, beruhte auf dem Gefühl, ausgeschlossen zu sein. Eine Bibliothek war für mich so ähnlich wie eine Cocktailparty, bei der mir alle den Rücken zuwandten; ich fand keinen Zugang.

Die erste Bibliothek, zu der ich dann doch den Weg fand, war die Armley Public Library in Leeds, wo ein Leseausweis im Jahr 1940 zwei Pence kostete; nicht pro Ausleihe und auch nicht pro Jahr, sondern einfach zwei Pence: Mehr musste man nie bezahlen. Es war ein recht repräsentatives Gebäude, 1901 vom Architekten Percy Robinson gebaut, und – erstaunlich für das abrissfreudige Leeds – es steht immer noch und wird als Bibliothek genutzt. Ob es jedoch die gegenwärtigen harten Zeiten überstehen wird, mag ich mir nicht ausmalen.

Wir gingen als ganze Familie dorthin, meine Mutter, mein Vater, mein Bruder und ich, und wir besuchten sie regelmäßig einmal die Woche. Ich hatte ziemlich früh lesen gelernt, mit fünf oder sechs, und zwar allein, so schien es mir damals, indem ich meinem Bruder beim Lesen zusah. Wir lasen beide Comics, aber während ich noch mit bildlastigen Heften wie *Dandy* oder *Beano* beschäftigt war, hatte mein Bruder schon die textstärkeren Reihen *Hotspur* und *Wizard* erreicht. Wenn ich mit meinem *Dandy* fertig war, legte ich mich neben ihn auf den Teppich, starrte auf die Zeilen, die er las, stellte ihm Fragen dazu und machte mich allgemein unbeliebt. Daraufhin – und es kam mir tatsächlich so unmittelbar vor – ergaben die Zeilen in seinem Comic auf einmal Sinn, und ich konnte lesen. Bestimmt war es in Wirklichkeit ein wenig mühevoller gewesen, aber nicht viel.

Beim Lesen von Büchern wurde mir allmählich klar, dass ich offenbar eine nicht sonderlich zufriedenstellende Version der Gattung »Junge« war. Sicher muss auch Enid Blyton in der Bibliothek gestanden haben, aber da sie zweifellos in den gleichen trübseligen, wenn auch zweckdienlichen Karton wie alle anderen Bücher dort gehüllt war, ist sie mir entgangen. Am besten in Erinnerung habe ich die Dr.-Dolittle-Bücher von Hugh Lofting, die zahlreich vorhanden waren und von denen es (ein wichtiger Aspekt) immer noch mehr Bände gab. Ich glaube, selbst mit sechs Jahren wusste ich schon, dass ein Arzt, der mit Tieren reden konnte, fiktiv sein musste, gleichzeitig glaubte ich aber, dass es sich bei dem Schauplatz Puddleby-on-the-Marsh um einen realen, historischen Ort handelte und auch der Arzt (sowie Loftings eigene Zeichnungen von ihm) bis zu einem gewissen Grad auf Tatsachen beruhte. Spuren dieses Glaubens blieben lange hängen, denn nachdem ich Jahre später ein paar von Loftings Geschichten für die BBC eingelesen hatte und daraufhin seinen Sohn kennenlernte, hatte ich immer noch das Gefühl, sein Vater sei kein gewöhnlicher Sterblicher gewesen. Was war zum Beispiel ein Katzenfleischmann? So einer war mir noch nie untergekommen. War das Fleisch *von* Katzen oder *für* Katzen? Wir hatten keine Katze, und selbst wenn wir eine gehabt hätten, dann wäre sie, weil mein Vater Schlachter bei der Konsumgenossenschaft war, gut versorgt gewesen. Auch dieses kleine Geheimnis wurde gelüftet, als ich die Geschichten fürs Radio einlas und die mysteriöse Figur in meinem Tagebuch für die *London Review of Books* erwähnte. Ein Katzenfleischmann zog durch die Straßen (allerdings nicht durch unsere), mit Fleischstreifen an einem Stock, die er als Tierfutter verkaufte. Eine Briefschreiberin erinnerte sich, dass der Stock eines Tages, während ihre Mutter nicht da war, durch den Briefschlitz gesteckt wurde. Sie hob das Fleisch von der Fußmatte, und weil es damals Kriegszeiten waren, schlang sie es auf der Stelle herunter.

Im Jahr 1944 glaubte mein Vater, wie so viele Menschen in Leeds, dass es unten im Süden, Bombenangriffe hin oder her, besser wäre; also schmiss er seinen Job bei der Genossenschaft, und wir zogen nach Guildford. Das Experiment war von kurzer Dauer, und ich kann mich nicht erinnern, je die dortige öffentliche Bibliothek entdeckt zu haben, aber das lag auch daran, dass es ein paar Häuser neben dem Schlachterladen, wo Dad arbeitete, eine private Bibliothek gab, die eine Gebühr von 6 Pence pro Woche erhob und in der Kinderabteilung eine ganze Sammlung von Richmal Cromptons *Just-William*-Büchern bereithielt. Die verschlang ich alle, las praktisch ein Buch pro Tag, in der glücklichen Gewissheit, dass es immer noch mehr gab. Als ich Jahre später Evelyn Waugh entdeckte, spürte ich die gleiche Entdeckerfreude: Da gab es eine ganze Schatztruhe von Büchern, die eine Weile halten würden. Ich wünschte, ich könnte das gleiche über Dickens oder Trollope oder gar Proust sagen, doch die schienen mir eher Mühe denn Vergnügen zu versprechen.

Ende der 1940er Jahre begann ich zum ersten Mal eigene Bücher zu kaufen. Damals galten sie noch als etwas ziemlich Wertvolles und wurden in ärmeren Haushalten oft in Packpapier eingeschlagen. Papier war generell knapp, und in den wenigen neuen Büchern, die gedruckt wurden, fand man häufig den Aufdruck »Hergestellt in Übereinstimmung mit staatlichen Verbrauchsvorschriften«. Das Papier war mehlig, leicht gefleckt und ähnelte der Eiscreme aus jener Zeit. Es war allerdings auch eine bemerkenswerte Periode guten Buchdesigns, und die Bücher aus diesen Tagen (eines davon war C. V. Wedgwoods *William der Schweiger*) schienen alles zu erfüllen, was für Bücher notwendig oder wünschenswert war: Sie waren schlicht, schnörkellos, erbaulich und gut gestaltet.

In den Augen meiner Mutter hingegen wirkten Bibliotheksbände auf jeden Fall immer schmuddelig, potentiell ansteckend – und das nicht im geistigen Sinn. Zwischen den Seiten aus städtischem

Besitz mochten Erreger von Tuberkulose oder Scharlach lauern, darum durfte man sich nie erwischen lassen, wie man die Nase zu weit in ein Büchereibuch steckte oder beim Umblättern den Finger anleckte, und schon gar nicht durfte man sie im Bett lesen.

Das Lesen barg noch andere Gefahren, doch die wurden mir erst klar, als ich ein gesetzteres Alter erreichte. *Me, I'm Afraid of Virginia Woolf* hieß ein Fernsehspiel, das ich 1978 schrieb, und darin findet sich zwar nicht meine übliche Szene, in der jemand ratlos vor einem Bücherregal steht, aber das Gefühl, von Büchern eingeschüchtert zu werden, beschreibt den Inhalt des Stücks trotzdem ganz gut. »Hopkins«, schrieb ich über die Hauptfigur, einen Dozenten mittleren Alters, »Hopkins war nie ohne Buch. Er las zwar gar nicht besonders gern, aber er hatte gern etwas zum Draufschauen. Ein Buch gibt Sicherheit. Es zeigt, dass man nicht vorhat, irgendwen abzuschleppen. Versuchen Sie es mal. Mit Buch ist man harmlos. Hopkins jedoch war ohne Buch harmlos.« Bücher als Dienstmarken, Bücher als Schutzschilde: Man stellt sich Bibliotheken nicht unbedingt als gefährliche Orte vor, wo man zu Schaden kommen kann. Aber sie bergen ganz eigene Risiken.

Im gegenwärtigen Kampf um den Erhalt der öffentlichen Büchereien wird dieser Aspekt zu wenig betont, dass es Orte sind, nicht bloß Einrichtungen. Für ein Kind in einer Hochhauswohnung, in der Raum Mangelware sowie Ruhe und Frieden nicht leicht zu finden sind, kann eine Bibliothek eine Zuflucht sein. Aber das heißt, dass die Bibliothek zugänglich und nah sein muss; der Weg dorthin darf keine Expedition sein. Stadtverwaltungen zeigen gern auf prächtige neue oder geplante Zentralbüchereien, als würden diese sie aller anderen

Verpflichtungen entheben. Das tun sie nicht. Für ein Kind muss die Bibliothek um die Ecke liegen. Und wenn wir die lokalen Bibliotheken verlieren, werden die Kinder leiden. Von allen Bibliotheken, die ich besucht habe, war die erste die wichtigste für mich, die düstere und unscheinbare Armley Junior Library. Ich hatte gerade lesen gelernt. Ich brauchte Bücher. Vielleicht muss man inzwischen noch Computer hinzufügen, aber das Kind einer armen Familie sitzt heute in demselben Boot.

Codebücher

Wie Codebücher studiere ich die Werke von Schriftstellern, von denen ich gehört habe, dass sie homosexuell sind, auch wenn sie es nicht öffentlich zugeben können. Da ist zum Beispiel Stephen Spender, dessen Autobiografie *Welt zwischen Welten* in dieser Hinsicht als recht gewagt gelten kann, auch wenn es mich verwirrt, dass er später geheiratet hat. Wie kann das sein, wo doch Homosexualität in meinen Augen so etwas ist wie die Teufelsinsel, von der es kein Entrinnen gibt? Dann Auden, bei dem ich mir nicht sicher bin, weil eine sorgfältige Untersuchung der Pronomina in seinen Liebesgedichten ergibt, dass seine Neigung in beide Richtungen gehen könnte. Da ist Denton Welch, für meinen Geschmack ein wenig zu empfindsam, der aber wie ich anscheinend nur schaut. Am meisten befriedigt mich A. E. Housman, dessen Neigung unausgesprochen bleibt (oder als unausgesprochen ausgesprochen wird), genau wie meine immer, und der Liebe ohnehin als zum Scheitern verurteiltes Unterfangen sieht. Von seinem Leben und dem Ziel seiner Zuneigung weiß ich nichts, doch während ich 1950 durch die Straßen von Headingley streife, habe ich das Gefühl, wenn überhaupt, dann könnte ich es ihm erzählen, wobei mir schwergefallen wäre zu sagen, was »es« überhaupt ist.

So aber teile ich mein beschämendes Geheimnis mit niemandem, obwohl ich einen Freund in der Kirchengemeinde habe, Robert Butterfield, älter als ich, der es ganz selbstverständlich anzunehmen scheint, ohne es gesagt zu bekommen, ebenso wie ich ohne weitere Information weiß, dass er genauso ist. Hätte ich es nicht gewusst, wäre es an seinem Auftreten kaum abzulesen gewesen, denn *camp* war (jedenfalls in Leeds) damals noch nicht erfunden. Robert ist so wenig *camp*, dass er schon gefährlich wirkt; er neigt zu plötzlichen Wutausbrüchen und Anklagen, schneidenden Urteilen über den Charakter von Freunden, die mir viel zu unverblümt erscheinen. Robert führt ein Notizbuch und hat eine wiedererkennbare, erwachsene Handschrift, um die ich ihn beneide, denn meine ist ausladend, offensichtlich unreif und wechselt von einem Tag auf den anderen. Er hat schon einen Teil seines Militärdienstes in der Royal Air Force abgeleistet, ist aber anscheinend nachträglich ausgemustert worden. Er hat dabei eine Vorliebe für Stiefel und schwere Schuhe behalten, die er stets auf Hochglanz poliert. Er ist religiös, mag Musik, ist belesen, scheint keine Arbeit zu haben und wohnt zu Hause. Sein Bruder und seine Schwester gehören zum gleichen Freundeskreis wie ich in der St Michael's Church.

Er ist das mit Abstand kultivierteste Mitglied unserer Gruppe, weltgewandt, spöttisch und vor allem erwachsen. Er hat bereits einige Schlüsse über seinen Charakter gezogen und entschieden, wer er ist und wohin er will. Ich möchte gern glauben, dass es bei mir genauso ist, aber ich muss nur unsere Handschriften vergleichen, um festzustellen, dass das nicht stimmt. Trotzdem scheint er auch zu wissen, wie ich bin, und wenn er mein Wesen beschreibt, nicht immer vorteilhaft, bin ich nichtsdestoweniger geschmeichelt. Ich bin mir selbst ein Rätsel, bin haltlos und sehne mich nach Kantenschärfe, und deshalb gefällt es mir, dass jemand eine Ahnung hat, wie ich bin, weil ich nämlich keine habe.

Wir sind beide schwul, das immerhin weiß ich, auch wenn ich seine Ungeduld errege, weil ich mich weniger damit abfinde als er und gelegentlich mit einem Mädchen Händchen halte (weiter geht es nie): ein Versuch, konform zu sein, dessen Sinn er nicht sieht und der schließlich in einen seiner Wutausbrüche mündet.

In regelmäßigen Abständen verschwindet er, und ich erfahre erst später, dass er diese unerklärten Abwesenheiten in der lokalen Nervenklinik verbringt. Aber nicht aus dem Grund entfernen wir uns voneinander. Ich gehe zur Armee, dann zum Studieren nach Oxford, darum sehe ich ihn nur noch sehr selten. Ich bin schockiert, aber irgendwie nicht überrascht, 1966 zu erfahren, dass er sich das Leben genommen hat.

Robert bringt mich dazu, Denton Welchs Tagebücher zu lesen, Stephen Spenders *Welt zwischen Welten* und die frühen Romane von Mary Renault – alles Bücher, deren Anwesenheit auf einem Bücherregal einem alles über die sexuelle Orientierung der Besitzer verraten, was man wissen muss. Und der Polizei auch, obwohl das vielleicht ein bisschen weit hergeholt ist. Aber wir befinden uns in den 1950ern, dem Jahrzehnt, in dem der Prozess gegen Lord Montagu ausgetragen wird und der Konzertpianist Mewton-Wood Selbstmord begeht – beide Opfer des Kreuzzuges gegen Homosexualität, den der bösartige Eiferer und damalige Innenminister David Maxwell Fyfe ausgerufen hat. Es kann kaum überraschen, dass ein so furchtsamer Mensch wie ich schon das bloße Verlieben als womöglich strafbaren Akt betrachtet.

Der Anblick solcher Bücher in einem Haus bedeutet dementsprechend sicheres Terrain: Hier immerhin ist keine Diskretion nötig. Doch das Perverse ist: Weil ich mich gar nicht entschieden habe, dem Club der Homosexuellen beizutreten, zucke ich vor der impliziten Komplizenschaft zurück, werde verschämt und fühle mich unbehaglich.

Später im Leben ergeht es mir genauso, wenn ich gelegentlich zu rein männlichen Partys eingeladen werde, wo ich mich wegen der Annahmen über meinen Charakter und meine Neigungen ärgere und wo ich das zügellose Gerede zugleich langweilig und peinlich finde. Das brandmarkt mich als spießig und verklemmt, was zutreffen mag (und damals ganz sicher zutraf), aber wenn Homosexualität ein Anderssein ist, auf das zu akzeptieren ich nie vorbereitet wurde, warum, so denke ich mir, sollte es dann von anderen so bereitwillig angenommen werden; ich will von ihrer heimlichen Kameradschaft nichts wissen.

Prüfungslesen

Wenn ich die Zulassungsprüfung am Exeter College ablegen wollte, blieb mir nicht mehr viel Zeit. Mein Geschichtswissen war eingerostet, und weil ich tagsüber Russisch lernte, blieben mir nur die Abende, die ich normalerweise in der Öffentlichen Bibliothek von Cambridge verbrachte. Ich kondensierte alles, was ich wusste, zu einer Stichpunktsammlung mit Antworten auf mögliche Fragen und zufälligen plakativen Zitaten, schrieb alles auf vierzig oder fünfzig Karteikarten, von denen ich immer eine Handvoll in der Tasche hatte, wo ich auch hinging. Ich lernte damit im Unterricht, während ich vorgab, mich mit Russisch zu beschäftigen, morgens im Bus nach Cambridge und in allen freien Augenblicken, die sich boten.

Als ich kurz vor der Prüfung für die Weihnachtsferien nach Hause kam, fand ich zufällig in der Präsenzabteilung der Öffentlichen Bibliothek von Leeds sämtliche Ausgaben von *Horizon*, Cyril Connollys Kulturzeitschrift aus den Kriegsjahren, die erst ein oder zwei Jahre zuvor eingestellt worden war, von der ich aber noch nie gehört hatte. Diese Bände öffneten mir die Augen für kulturelle Strömungen wie den Existentialismus, die zu der Zeit in Mode waren. Ich verstand nicht alles, aber auch diese Informationen wurden zu kleinen Häppchen für die Karteikarten eingedampft, um später für meinen Prüfungsaufsatz verwendet zu werden.

In der Prüfung sprudelte dann alles heraus: Fakten, Zitate, der ganze Stoff, den ich in den drei Monaten zuvor mühevoll auswendig gelernt hatte, mein einziges Problem war Zeitmangel. Im Prüfungsgespräch behauptete ich wie in Cambridge weiterhin, dass ich wahrscheinlich die Priesterlaufbahn einschlagen werde, was allerdings angesichts der existentialistischen Glaubenssätze, die ich zu Papier gebracht hatte, immer unwahrscheinlicher klang.

Als der Brief mit der Nachricht eintraf, dass ich ein Stipendium bekommen hätte, dachte ich, mein Leben würde sich für immer verändern, obwohl es natürlich bald wieder so aussah wie immer. Das Objekt meiner Zuneigung war vorhersehbar unbeeindruckt, und nach meiner anfänglichen Freude und Überraschung bekam ich das Gefühl, das Ganze sei ein Schwindel von mir gewesen. Ich war vielleicht ein vielversprechendes Irgendwas, aber »Akademiker« ganz bestimmt nicht.

Zeitsprung, drei Jahre später: zwei Semester vor meiner Examensprüfung in Geschichte. Meine Universitätslaufbahn war sowohl in sozialer als auch in akademischer Hinsicht kaum bemerkenswert, und ich entwickelte nie das Gefühl wie in der Armee, dass das Leben und seine Möglichkeiten sich weiteten. Jetzt war das Studium fast vorbei. Ich hatte keine Ahnung, was ich machen wollte. So wie ich einmal geglaubt hatte, Pastor zu werden – aus dem alleinigen Grund, dass ich wie einer aussah –, so dachte ich jetzt in der gleichen Logik, ich könnte Professor werden. Aber dafür musste ich in meiner Abschlussprüfung viel besser abschneiden, als ich oder meine Lehrer es mir zutrauten.

Was an mir verheißungsvoll oder ungewöhnlich gewesen sein mochte, als ich das Stipendium errang, war längst abgenutzt. Ich hatte mir nie vorgemacht, einer aus dieser unerfreulichen Kategorie »hervorragender Geist« zu sein. Ich besaß genauso wenig einen hervorragenden Geist wie einen prachtvollen Körper (den ich zu der Zeit unbedingt vorgezogen hätte). Sicher, ich lernte und arbeitete hart und schrieb reichlich mit, aber ich hatte selten einen Schimmer, wie ich diese Notizen zu einem sinnvollen Essay ordnen könnte. Ich muss für die Lehrenden ein langweiliger Student gewesen sein, meine Tutorengespräche zögerlich und unbeholfen, unterbrochen von langem Schweigen – genau die Art von Gesprächen, die ich nach dem Examen als Lehrer mit meinen Schülern führte. In anderen Colleges traf man Studenten von atemberaubender Selbstsicherheit und intellektueller Reife (oder jenem zu früh eingetretenen mittleren Alter, das oft damit verwechselt wird). Sie glaubten sich für ein First-Class-Examen bestimmt, vor allem jene, die Klassische Philologie studierten – das Examenszeugnis war nur ein Zertifikat, das bereits in irgendeinem Fach mit ihrem Namen drauf auf sie wartete: Sie mussten bloß noch ein paar langweilige Tage bei den Examensrepetitorien verbringen, ehe sie es abholen konnten. Ich jedoch nicht. Ich war ein harmloser, fleißiger Second-Class-Kandidat. Das wusste ich, und mein College wusste es auch.

Dann fiel mir ein, wie ich drei Jahre zuvor das Stipendium errungen hatte, und sobald ich anfing, für das Examen zu pauken, wandte ich die gleiche Technik an, reduzierte alles, was ich wusste, auf Karteikartengröße und trug es ständig mit mir herum, genau wie damals. Diesmal waren es mehr Karten, aber darauf stand mehr oder weniger das Gleiche: nützliche Argumente, Zitate, eine Art Prüfungsbausatz.

Außerdem begriff ich, was mir längst jemand hätte beibringen sollen, aber nicht getan hatte, nämlich dass es beim Beantworten einer Prüfungsfrage auch einen journalistischen Aspekt gab: Etwas von der anscheinend ganz falschen Seite aufzuzäumen erheischte mehr Aufmerksamkeit im Vergleich zu einem konventionellen Ansatz, egal wie ausgewogen der auch sein mochte. Niemand hatte mich je Prüfungstechniken gelehrt oder überhaupt zugegeben, dass es so etwas gab. Diese Unterlassung kann man entweder auf reinen Snobismus zurückführen oder auf die Haltung (im Stück *The History Boys* von der Figur Hector vertreten), dass solche Überlegungen an sich schon unanständig sind.

Im Repetitorium sollten wir staubtrockene gelehrte Antworten auf akademische Fragen formulieren. Das ist die Methode der Geschichtslehrerin Mrs Lintott, und in Oxford sollte die vorbildliche Antwort aussehen wie ein Leitartikel in der *Times*. In meinem Fall bestand darauf wenig Hoffnung, die Alternative war Journalismus bescheidenerer Art, bei dem die Frage in knappen Allgemeinplätzen abgehandelt wurde, mit genug eingestreuten Fakten, um das Interesse der Prüfer wachzuhalten und mein grundlegendes Unwissen zu kaschieren. Das ist die Methode des jungen Aushilfslehrers Irwin.

Nachdem ich mir einmal angewöhnt hatte, die Frage auf den Kopf zu stellen, wie Irwin es beschreibt, bekam ich Vergnügen an der Technik, genau wie der Schüler Dakin im Stück, und skizzierte Rumpfantworten auf alle möglichen Fragen, benutzte zum Beispiel dieselben Fakten, um gegensätzliche Ansichten zu begründen, alles mit einer breiten Palette von Bezügen und Zitaten gewürzt. Ich wusste, das war keine Gelehrsamkeit, und das Repetitorium würde mir auch nur begrenzt weiterhelfen, aber es war meine einzige Hoffnung.

Ich legte meine Examensprüfungen in glühender Hitze ab, zwei dreistündige Klausuren pro Tag, die anstrengendsten fünf Tage meines Lebens. Am Ende hatte ich keine Ahnung, wie ich abgeschnitten hatte, war so erschöpft, dass es mir egal war, und ging eine Woche lang jeden Nachmittag ins Kino.

Die Resultate wurden sechs Wochen später veröffentlicht, doch davor lag noch eine mündliche Prüfung. Damals wurden alle Kandidaten mündlich geprüft, was manchmal nur eine halbe Minute dauerte – eine längere mündliche hieß, dass man zwischen zwei Examensnoten stand und entweder nach oben oder nach unten rutschen würde. Meine dauerte eine halbe Stunde und lief nach meinem Gefühl schlecht. Ich merkte, dass ein paar Mitglieder des Prüfungsausschusses auf meiner Seite standen und sich Mühe gaben, mich freundlich zu behandeln; die anderen waren desinteressiert. Ich kehrte niedergeschlagen nach Leeds zurück und suchte einen Job.

Ein Freund, der in Oxford war, als die Liste ausgehängt wurde, schickte mir eine Postkarte. Sie kam an einem Montagmorgen an, während ich in der Brauerei Tetley Fässer rollte. Mein Vater war krank und arbeitslos, darum brachte er die Karte zusammen mit meiner Mutter zum Pförtnerhäuschen auf dem Brauereigelände, von wo aus man nach mir im Keller schickte. Sie wussten nicht genau, was ein *First* war.

»Heißt das, du bist der Klassenbeste?«, fragte meine Mutter nicht sonderlich erstaunt, denn aus ihrer Sicht war ich das seit der Vorschule immer gewesen.

Ich ging danach in den Keller zurück und schob weiter Fässer umher, konnte aber mein Glück kaum fassen. Es war einer der ganz großen Tage meines Lebens, und zugleich war es reines Glück. Ich hatte Recht gehabt: Meine mündliche Prüfung war nicht so gut gelaufen, aber die eines anderen Kandidaten schon, und er war mit ziemlich den gleichen Ergebnissen wie ich als *First Class* eingestuft worden, darum mussten sie mich auch mit aufnehmen. Es war ganz knapp.

Mit einem *First* war ein Promotionsstipendium reine Formsache, also blieb ich in Oxford und redete mir sogar eine Weile ein, Wissenschaftler zu sein, fuhr zweimal die Woche nach London und las Handschriften im Nationalarchiv, damals noch in der Chancery Lane angesiedelt. Aber ich war eher Kopist als Forscher, denn ich tat nichts anderes: Ich schrieb mittelalterliche Akten ab, ohne eine Vorstellung davon zu haben, was ich mit ihnen anfangen sollte, und je länger ich das tat – fünf Jahre lang nach der Examensprüfung –, desto unzufriedener mit mir wurde ich, desto mehr fühlte ich mich als Schwindler. Die Wahrheit lag nicht in mir.

Zusätzlich zu meiner sogenannten Forschung lehrte ich am College, und obwohl ich das auch nicht besonders gut konnte (und unter heutigen, anspruchsvolleren Bedingungen sicher bald daran gehindert worden wäre), versuchte ich immerhin, meinen Schülern die Antworttechnik für Prüfungsfragen und die Strategien zum Bestehen nahezubringen – was ich selbst noch gerade rechtzeitig selbständig hatte entdecken müssen: angewandter Journalismus.

The History Boys ist also in gewissem Sinn ein Ergebnis dieser beiden entscheidenden Prüfungen, und das Stück zugleich Beichte und Sühne. Ich verspüre keinerlei nostalgische Sehnsucht nach meiner Oxford-Zeit, und ich bin froh, dass ich nie wieder eine Prüfung ablegen muss. Beim Stückeschreiben gibt es keine Examina, es sei denn, man zählt die mündliche Prüfung, welche die Schauspieler jeden Abend vor dem Publikum ablegen müssen.

Lektüren 1980–1994

15. März 1980
Beende einen Entwurf meines Beitrags für die Larkin-Festschrift, *Larkin at Sixty*. Zum Teil gefällt er mir und sagt, was ich ausdrücken will, aber ich finde auch einen Hauch von Uriah-Heep-hafter Selbsterniedrigung darin, die man für Arroganz halten könnte (und die womöglich genau das ist). Ich scheine ständig zu sagen: »Was habe *ich* denn hier verloren? Ich bin doch überhaupt kein Literaturmensch.«

Angesichts dessen habe ich gerade ein Buch bestellt, von dem ich eine Besprechung gelesen habe: *Die Legende vom Künstler* von Ernst Kris und Otto Kurz. Die Hauptthese lautet, es sei Tradition – zu der die Künstler selbst beitragen –, die Herkunft eines Malers bescheidener und unkultivierter darzustellen, als sie in Wirklichkeit war. Die Öffentlichkeit glaubt nur zu gerne, dass ein Künstler aus schlechtem Elternhaus kommt, dass er seine Lehrer erstaunte, die seine Begabung gleich erkannten, während er noch in ärmlichen und wenig verheißungsvollen Verhältnissen lebte. So wurde es immer schon praktiziert, K. und K. belegen das für viele Epochen.

Ich vermute, Gleiches gilt für die Literatur. Und genau das tue ich auch in meinem Larkin-Text, wenn ich behaupte, dass ich kaum etwas gelesen und für Literatur nichts übrighatte, bevor ich dreißig wurde. Dabei habe ich einfach die Bücherstapel verdrängt, die ich aus der Headingley Public Library geschleppt habe – Shaw, Anouilh, Toynbee,

Christoper Fry. Es stimmt zwar, dass ich die meisten der Bücher nur aufgrund ihres Aussehens mitnahm, viele nicht einmal gelesen und die, die ich las, wieder vergessen habe. Aber ich habe durchaus gelesen, auch wenn ich nicht hätte sagen können, was mir gefiel oder wonach ich suchte, und sicher waren unzählige Theaterstücke dabei, aber nie mit dem Gedanken, dass ich einmal Dramatiker werden könnte. Das war zwischen dreizehn und sechzehn, kurz vor der Pubertät, und die Jahre streiche ich immer aus meinem Gedächtnis.

22. August 1981, La Garde Freinet
Diese Villa ist ein so gnadenlos umgebautes Bauernhaus, dass nur zwei Strebepfeiler des ursprünglichen Gebäudes stehengeblieben sind. Sie gehört Reiner E. Moritz, dem deutschen Fernsehproduzenten. Mein Zimmer ist in der sogenannten Bibliothek beziehungsweise im Spiele-Zimmer, an dessen einer Seite Bücherregale stehen. Die Bücher sind eine bunte Mischung und haben alle eines gemein: Sie wurden im Hinblick darauf gelesen, ob man eine Fernsehsendung daraus machen kann.

Apropos Bücher, ich habe gerade Robert Byrons *Der Weg nach Oxiana* in einer neuen Taschenbuchausgabe mit einem Vorwort von Bruce Chatwin gelesen. Es ist ein lustiges und unterhaltsames Buch, obwohl ich gegen Byron wie auch gegen Chatwin meine Vorbehalte habe – Byron verachtet andere, »anständigere« Reisende wie den (womöglich erfundenen) Lehrer Thrush, und Chatwin die Hippies, die eine Reise nach Afghanistan zu einer Alltäglichkeit gemacht haben. Die zwei trennen zwar vierzig Jahre, doch beide sind gesellschaftlich akzeptierte Persönlichkeiten. Botschaften im Ausland sind ausnahmslos Vorposten eines wie auch immer gearteten Snobismus, die nur willkommen heißen, wer »amüsant« oder »berühmt« ist. Der Feind heißt Langeweile, Diplomaten möchten, wie Aristokraten, unterhalten werden.

Chatwin ärgert mich noch auf einer anderen Ebene. »Ich ahne auch«, schreibt er, »was aus Wali Djaan wurde. Er brachte mich in Sicherheit, nachdem ich mir eine Blutvergiftung zugezogen hatte. Er trug mich Huckepack durch den Fluß, wusch meinen Kopf und bereitete mir unter den Steineichen ein Lager. Bei unserer Begegnung fünf Jahre später hustete er ganz erbärmlich und sah aus, als würde er es nicht mehr lange machen.« Das ist purer John-Buchan-Kitsch, der noch erlaubte Grad männlicher Kameradschaft – Männer kümmern sich und weinen umeinander, beides edel –, und dazu ein bisschen Pionier-Folklore im »er sah aus, als würde er es nicht mehr lange machen«. Wonach sieht es denn aus? Meint er, der Mann hat TB oder Bronchitis?

Ich bin aber auch ein kleinlicher Leser. »Eines Nachmittags ...«, schreibt Chatwin, »ging ich mit Byrons *Der Weg nach Oxiana* in die Moschee [die Scheich-Lutfullah-Moschee in Isfahan], saß mit untergeschlagenen Beinen da und bewunderte die Fliesenpracht und die Art und Weise, wie Byron sie beschrieben hatte.« Ich mag das »mit untergeschlagenen Beinen« nicht, auch deshalb, weil ich nur fünf Minuten so sitzen könnte, ohne zum Krüppel zu werden. Warum erzählt er uns das?

9. Juni 1983, Yorkshire
An dem Tag, an dem Margaret Thatcher für eine zweite Amtszeit gewählt wird, spucke ich Blut. In der Nacht zuvor hatte ich *Die Verwandlung* gelesen und mich gefragt, ob Gregor Samsa, als er aufwachte und merkte, dass er ein Käfer war, einfach

wieder einschlafen konnte, oder wenigstens tagträumen und so tun, als sei das alles gar nicht wahr. Irgendwie schaffe ich es, bis etwa sieben weiterzudösen, dann komme ich zu mir, liege wach und ordne meine Zukunft, oder eher meine fehlende Zukunft.

20. Dezember 1983, New York
Ein Schild auf der Seventh Avenue am Sheridan Square: »Ohrlöcher stechen, mit oder ohne Schmerzen.«

Lese ein Buch über Kafka. Es ist aus der Bücherei, und jemand hat einen Abschnitt mit einem langen Schlängelstrich am Rand markiert. Ich schaue mir den Abschnitt besonders aufmerksam an, ziehe aber keinen großen Gewinn daraus. Als ich umblättere, bewegt sich der Strich. Es ist ein langes, dunkles Haar.

4. April 1984
Kafka-Kommentatoren neigen dazu, ihn zu *vereinnahmen*. Joseph Heller vereinnahmt ihn, präsentiert ihn dem Rest der Literatenklasse als gutes Beispiel. Wie hätte er sich gewunden! Canetti macht das Gleiche, annektiert Kafka zur Steigerung der eigenen Stringenz.

Vor langer Zeit bemerkte K. einmal, er verstehe nicht, warum ich mich über das Älterwerden beklage. Ich solle doch auf die Vorzüge schauen. Schließlich sei ich alt genug, um noch Dampfloks im täglichen Einsatz erlebt zu haben. Damals machte ich mich darüber lustig, aber heute stieß ich bei Auden auf denselben Gedanken:

Dein letztes Werk sei Dankbarkeit:
... Wie viele schöne, alte Erfindungen hast du als Kind

gesehen: Tenderloks, Balanciermaschinen, oberschlächtige Wasserräder! Ja, du warst ein Glückskind, Lieber.

12. Februar 1985
Ich kaufe Narzissen in einem Laden an der Camden High Street. Eine ältere Frau fragt nach Veilchen, aber die sind nicht mehr ganz frisch. »Macht nichts«, erklärt sie, »ich will sie bloß in ein Grab werfen.«

Mein Fernsehspiel *Der Versicherungsbeamte Dr. K* ist von der BBC zurück, abgetippt und mit Durchschlag. Es handelt natürlich von Kafka. An ein paar Stellen habe ich angemerkt: »Streichen oder anderswo einsetzen.« In der Abschrift heißt es: »Streichen oder anderswo einsitzen.«

3. Juni 1985
Ich lese Biografien immer von hinten. Wenn es mir gefällt, dann lese ich auch den Rest. Die Kindheit interessiert mich meistens überhaupt nicht.

1. September 1986
Spiele Snooker mit Sam. Es ist kurz vor seiner Schlafenszeit, und wenn ich nicht hinsehe, dann rückt er die weiße Kugel immer wieder auf eine schlechtere Position, damit das Spiel länger dauert. In einer der Zeilen, die ich bei *Kafkas Franz* gestrichen habe, geht es um das Kartenspielen mit seinen Eltern. Irgendwann will sein Vater nicht mehr mit ihm spielen, weil sein Sohn schummelt. »Aber nur«, sagt Kafka, »damit ich verliere.«

12. März 1988
Bei der Dramatisierung von Kafka wird immer der gleiche Fehler gemacht (wir haben es bei *Der*

Versicherungsbeamte Dr. K auch nicht ganz geschafft, ihn zu vermeiden): Die Schauspieler und Regisseure spielen nicht den Text, sie spielen die Implikationen des Textes. So ist Josef K. nicht einfach ein Bankangestellter, der fälschlich angeklagt wird, sondern wird zum Symbol für alle, die irgendwann einmal zu Unrecht angezeigt wurden. Kafka schreibt einen naturalistischen Bericht über normales Verhalten, und genau das sollten die Schauspieler spielen und die Implikationen sich selbst überlassen. Regisseure ebenso. Oder, wie Arthur Miller irgendwo sagt: »Spiel einfach den Text und nicht das, woran er dich erinnert.«

27. Juni 1988, Paris
Zur Brasserie Bofinger nahe der Bastille. Während wir unser Abendessen beenden, bricht weiter hinten eine Feierrunde auf. Es ist Francis Bacon mit seiner kleinen Entourage. In einem schicken Anzug mit enger Hose, so wie Peter Cook sie in den Sechzigern von *Sportique* trug, das Haar zu einer abgewandelten Tolle gegelt, ohne das geringste Gespür dafür, dass er Mitte siebzig ist.

Während Bacon und seine Gruppe auf dem Gehweg warten, versammeln sich die Kellner hinter den Fenstern und schauen nach draußen, zollen dem großen Mann so unverhohlen Respekt, wie ich es mir bei englischen Kellnern niemals vorstellen könnte. Das erinnert mich an den Speisewagenkellner, der mit Harold Nicolson und Vita Sackville-West in einen Toast auf Saint-Beuve einstimmte, den die beiden ausbrachten, als ihr Zug durch Boulogne fuhr.

Kafka hätte nie so geschrieben, wie er schrieb, wenn er in einem Haus gewohnt hätte. Er schreibt wie ein Mensch, der sein Leben in Wohnungen verbracht hat, mit Aufzügen, Treppenhäusern, dumpfen Stimmen hinter geschlossenen Türen und Geräuschen, die durch Wände dringen. Steckte man ihn in eine hübsche, freistehende Villa, hätte er nie ein Wort geschrieben.

1. März 1994
Inzwischen scheint es Konsens zu sein, dass sich das jeweilige Leben, inklusive Dauer und Krankheitsneigungen, bereits in der Gebärmutter entscheidet. Das würde Kafka gefallen, oder jedenfalls seine schlimmsten Befürchtungen bestätigen: Zum Tode verurteilt zu sein, bevor man überhaupt geboren wird, wäre für ihn sicher eine Art Apotheose gewesen.

Kafka in Las Vegas

Ich habe zwei Theaterstücke wenn nicht direkt über Kafka, so doch um ihn herum geschrieben und im Lauf dieser Arbeit reichlich Material über und um den Versicherungsangestellten aus Prag angesammelt. Einiges davon ist eher versponnen – Skizzen und Spekulationen, bei denen nie Hoffnung bestand, dass sie in einem der beiden Stücke landen würden. Manches ist das typische Zeug, das nach dem Schreiben eines Stückes immer übrigbleibt – die Monologe, die man nicht einpassen konnte, und die Pointen, die gekürzt werden mussten, was unweigerlich die Monologe und Pointen sind, die dem Autor am liebsten sind. Tatsächlich hält er sie oft für die Herzstücke des Bühnenwerks, während der Regisseur (den sie keinen Schweiß gekostet haben) sie als Abschweifungen erkennt, als Ablenkungen oder schmückendes Beiwerk: unerwünschten Ballast. Es gibt ein Wort für derlei, über das ich gerade erst gestolpert bin (und nachdem ich nun darüber gestolpert bin, kann ich gar nicht fassen, wie ich so lange ohne das Wort auskommen konnte); es heißt *Paralipomenon* – das Ausgelassene, das aber dazugehört und später als Nachtrag angehängt wird. Das beschreibt mein halbes Leben ebenso wie die folgenden Notizen.

Wenn man über Kafka schreibt, lauern viele Gefahren. Sein Werk ist von ganzen Kritikerarmeen kaserniert worden, bei der letzten Zählung waren etwa fünfzehntausend Bücher über ihn erschienen. So wie die Festung Freud gibt es auch eine Festung

Kafka – Kafka ist sein eigenes Schloss. Um Einlass zu erhalten, ist ein gewisser bedeutungsvoller Ernst unabdingbar, und ich bin nicht sicher, ob ich darüber verfüge. Man wird schon nervös, wenn man nur seinen Namen aufschreibt, und möchte dafür um Verzeihung bitten, im Wissen darum, dass Kafka selbst seinen Namen nur widerstrebend schrieb. Wie der hebräische Name Gottes sollte auch seiner nicht ausgesprochen werden, vor allem nicht von einem Engländer. Im Traum hat Kafka einmal einen Engländer getroffen. Er trug einen guten grauen Flanellanzug, und der Stoff bedeckte sogar sein Gesicht. Abgesehen von dem Hinweis, vielleicht den Schneider zu wechseln, illustriert dieses Ereignis (wenn es in Träumen Ereignisse gibt) vornehmlich die Versuchung, Kafka zu verenglischen und ihn auf handliche Größe zu witzeln. Der Ärmelkanal ist ein Ironiebad, in das wir alle tiefernsten Kontinentaleuropäer tauchen, um von ihrer Schwermut nicht infiziert zu werden. Diesem Brauch habe auch ich sicher nicht entsagen können, es auch gar nicht versucht; aber Kafka hat tatsächlich etwas Englisches, und das nicht nur wegen seiner Selbstironie. Als Vegetarier und Sonnenanbeter scheint er uns vertraut versponnen; hätte er um 1900 in England und nicht in Prag gelebt, sehe ich ihn auf langen Wanderungen oder bei Abenden mit Gleichgesinnten in der Gartenstadt Letchworth. Er ist der junge Mann in einem Stück von George Bernard Shaw, der in zu großen kurzen Hosen am Gartenzaun vorbeibummelt und von einer von Shaws forschen Frauenfiguren angesprochen wird, die seinen Charme erkennt, ihn bei der Hand nimmt, seine morbiden Gedanken vertreibt und ihn dazu bringt, sich zusammenzureißen.

Charme hatte Kafka sicherlich, aber nicht zu Hause. Er kaute jeden Bissen zig Mal, weshalb sein Vater sich beim Essen hinter der Zeitung verschanzte. Kafka hob sich seinen Charme für die Arbeit und seine Freunde auf; zu Hause ist ohnehin nicht der richtige Platz für Charme. Wenn wir um den Kamin sitzen, warten wir auch nicht unbedingt darauf, darum überrascht es nicht, dass Kafka zu seinem Vater nicht charmant war. Doch es gibt auch etwas namens »Home Charm«. In den Vierzigern war es eine Art Temperafarbe, heute heißt so eine Baumarktkette. Auf dem Gebiet tat Kafka sich jedenfalls nicht hervor. Ihn hätte man zum Beispiel nicht gebeten, ein Regal anzubringen, allerdings gehörte zu seinem persönlichen Charme die übertriebene Würdigung von Menschen, die so etwas konnten, und überhaupt für ganz alltägliche Fertigkeiten. Zwar war er selbst ganz und gar nicht ungeschickt (er hatte etwas von einem Tänzer), doch er bewunderte (oder behauptete zu bewundern) die Leichtigkeit, mit der andere Menschen das Leben bewältigten. Diese Art ausgestellter Inkompetenz (»Was bin ich doch dumm!«) weckt oft Hilfsangebote, und wird sie zum Äußersten getrieben, fördert sie die Gründung inoffizieller Schutzorganisationen. So wurde Kafka von den Damen in seinem Versicherungsbüro sehr verhätschelt, ähnlich wie die Schüler einer anderen Kandidatin weltlicher Heiligsprechung, der französischen Philosophin Simone Weil, dafür sorgten, dass ihre geliebte Lehrerin nicht unter den Folgen ihrer praktischen Unklugheit leiden musste, die jene Kafkas noch übertraf.

Man kann nicht behaupten, dass Kafkas Bewunderung für alltägliche Leistungen unecht, eine Masche war. Der Haken zeigt sich eher, wenn der Bewundernde Großes erreicht, was die Menschen mit den alltäglichen Fertigkeiten ein wenig ernüchtert.

Sagen wir, ein solcher Mensch gewinnt den Nobelpreis: Da ist es ein schwacher Trost, wenn man selbst in der Lage ist, eine Steckdose zu installieren.

Gorki berichtete, in Tschechows Gegenwart fühlten sich alle Menschen aufgefordert, schlichter, wahrhaftiger und mehr sie selbst zu sein. Kafka wirkte genauso. »Wenn er einen Saal betrat«, schrieb ein Zeitgenosse, »so schien es, als habe ein unsichtbarer Bediensteter dem Vortragenden zugeflüstert: Sehen Sie sich vor, was Sie von jetzt an sagen. Franz Kafka ist eingetroffen.« Eine solche Wirkung auf die Menschen ist ein höchst zweifelhafter Segen. Wenn wir uns von unserer besten Seite zeigen wollen, bringen wir selten unsere besten Leistungen.

Das soll aber nicht heißen, dass Kafka nicht scherzte, im Leben wie in der Kunst. *Der Prozess* ist beispielsweise viel witziger, als man ihm gemeinhin zugesteht, und Kafkas Witze über sich selbst erscheinen umso besser, wenn man die verzweifelte Lage bedenkt, in der er sie oft machte. Natürlich gewann er den Nobelpreis nicht, doch einmal dachte er in Schmerz und Scherz über die Möglichkeit nach, und zwar in einer sehr eingeschränkten Kategorie (die er allerdings mit einigen Zeitgenossen hätte teilen können – darunter Proust, Katherine Mansfield und D. H. Lawrence). Als er an Kehlkopftuberkulose starb, hustete er große Mengen Schleim hoch. »Ich finde«, sagte er (und der Witz ist noch tragischer, weil ihm das Sprechen so große körperliche Schmerzen bereitete), »dass ich den Nobelpreis für Auswurf verdiene.« Ein im Wortsinn kranker Scherz, der aber auch heute noch gemacht werden könnte.

Kafka ist seit über sechzig Jahren tot, doch immer noch modern, und viele Phänomene der modernen

Welt würden ihn sicher interessieren. Heutzutage wäre Kafka fasziniert von Legebatterien und ganz besonders, ein gleichsam lebhaftes wie morbides Interesse, von dem Gerät, mit dem lebenden Küken der Schnabel kupiert wird; von Müllfahrzeugen, die den Abfall durchkauen, ehe sie ihn verschlucken; und von jenen zweifelhaften Restaurants, in denen zur Unterhaltung der Essensgäste ein Aquarium voller todgeweihter Forellen aufgestellt wird. Wenn der *Maître d'hôtel* dem anspruchsvollen Gast beim Auswahlritual assistiert, achten Sie auf den Kellner: Er ist – zugleich Trauernder und Henker – Kafka. Er bemerkt alte Menschen im Rollator, die hinter ihrer fahrbaren Anklagebank stehen, während im Gehen über ihr Leben Gericht gehalten wird. Ihn interessieren die Gefühle des Squashballs und der Champagnerflasche, die das Schiff tauft. Beim Fußballspiel gehört sein Mitgefühl keiner der Mannschaften, sondern dem Ball, oder, wenn das Spiel null zu null endet, dem Hunger des Tores. Dem Liedtext von Simon and Garfunkel – »I'd rather be a hammer than a nail« – könnte er nicht beipflichten, denn er fühlte sich stets (wie er einer seiner Freundinnen gestand) als beides gleichzeitig. Und in anderem Zusammenhang würde er sich Gedanken über die aktuelle Diskussion zur Entsorgung von Atommüll machen. In einen Bleibehälter verschlossen, dann in Beton gegossen und schließlich auf dem tiefsten Meeresgrund versenkt zu werden, diese Behandlung fand er auch für den größten Teil seines Werks angemessen. Oder auch nicht, natürlich.

Kafka liebte das Kino, und es gibt Kurztexte wie den *Wunsch, Indianer zu werden,* die an frühe Filme denken lassen. Er starb vor dem Ankommen des Tonfilms und also auch vor dem Auftauchen der

Marx Brothers, doch es gibt einen Dialog in *Blühender Blödsinn*, der Kafkas Verhältnis zu seinem Vater bündig zusammenfasst:
Beppo: Papa, ich bin stolz, dein Sohn zu sein.
Groucho: Du nimmst mir das Wort aus dem Mund, mein Sohn. Ich schäme mich, dein Vater zu sein.
Der Kafka'sche Haushalt hätte der Schauplatz zahlreicher jüdischer Witze sein können:
Vater: Sohn, du hasst mich.
Sohn: Vater, ich liebe dich.
Mutter: Widersprich deinem Vater nicht.
Wäre Vater Kafka nach Amerika ausgewandert wie so viele seiner Zeitgenossen, hätten sich die Dinge für Sohn Kafka womöglich anders entwickelt. Er war immer theaterbegeistert. Mit seiner fröhlichen Schwermut hätte ein jüdischer Bühnenkomiker aus ihm werden können. Kafka in Las Vegas.

Warum hat Kafka nicht gestottert? Der tyrannische Vater, der nervöse Sohn – das Leben im Hause Kafka wirkt wie eine Versuchsanordnung für Sprachstörungen. In gewisser Weise stotterte er tatsächlich. Abgehackt, mit Heftigkeit ausgestoßen, das Ergebnis größter Anstrengung: Alles, was Kafka schrieb, ist eine Art Stottern. Stotterer erarbeiten komplexe Methoden, um schwierige Konsonanten zu umschiffen oder zu überrumpeln, und das K ist einer der lästigsten. Wirklich gut, dass Kafka nicht stotterte. Bei zwei Ks hätte er schon an seinem Namen vollständig scheitern können. So aber kupiert er ihn, kürzt ihn, wirft das Ende ab wie eine Eidechse, wenn sie am Schwanz gepackt wird.

Indem er sich so ent-namte, machte er seinen Namen und seinen Buchstaben unvergesslich. Dadurch dass er ihn verringerte, vergrößerte er ihn, und das nicht erst für die Nachwelt. Das K war zu seiner Zeit ein bedeutsamer Buchstabe: auf jeder Flagge, jedem Palast und jedem Formular fanden sich Ks. Kafka hatte zwei Ks, ebenso wie das kaiserliche und königliche Habsburger Österreich, die k.-u.-k.-Monarchie. Kaiser war damals Franz Joseph, und auch das spielt eine Rolle, denn hier haben wir Franz K., der über Josef K. schreibt, und das unter der Regentschaft von K. Franz Joseph.

Ein weiterer Kaiser war ihm näher, der Kaiser im Sessel, wie Kafka seinen Vater bezeichnete. Hermann Kafka hat in der Literaturkritik einen so durchgängig schlechten Leumund, dass man kaum umhinkann, heimlich Mitgefühl für ihn zu empfinden, wie für alle Künstlereltern. Sie können es niemandem recht machen: Erziehen sie ihr Kind schlecht, und das Kind wird Schriftsteller, vergibt ihnen die Nachwelt niemals – auch wenn der Schriftsteller ohne die unerfreuliche Behandlung womöglich nie ein Wort geschrieben hätte. Erziehen sie ihr Kind gut, schreibt es *tatsächlich* kein Wort. Macht man es richtig, hört die Nachwelt nichts von den Eltern; macht man es falsch, hört sie von nichts anderem mehr.

»They fuck you up, your mum and dad«, um Philip Larkins berühmtesten Vers zu zitieren, und wenn Sie zu schreiben beabsichtigen, dann ist das wahrscheinlich auch gut so. Wenn Sie aber zu schreiben beabsichtigen, und Ihre Eltern haben Sie nicht verkorkst, tja, dann haben Sie nichts, womit Sie arbeiten können, und dann haben Ihre Eltern Sie so richtig verkorkst.

Viele Eltern, könnte man sich vorstellen, würden die Worte von Madame Weil unterschreiben, der Mutter von Simone Weil, die als Kind sicher genauso anstrengend gewesen sein muss wie Kafka. Als man sie fragte, ob sie auf den posthumen Ruhm ihrer asketischen Tochter stolz sei, antwortete Madame Weil: »Oh! Wie viel lieber hätte ich sie glücklich gesehen.«

Geht es um Heilige in der Familie, hat im Allgemeinen jede Familie ein Exemplar vorzuweisen, wenn auch nicht unbedingt dort, wo man sucht. Man denke etwa an Malcolm Muggeridges Frau Kitty, und in der Familie Weil ist es weniger Simone als vielmehr ihre Mutter, die sich verlässlich gut benimmt und Mitgefühl weckt. Im Hause Kafka geht der Heiligenschein an Franz' Schwester Ottla, der Vermittlerin zwischen Vater und Sohn, eine Rolle, die in schwächeren Planetensystemen als jenen, die um Hermann Kafka kreisen, häufiger von der Mutter gespielt wird.

Kafka fürchtete womöglich, seinem Vater ähnlicher zu sein, als er zugeben mochte. In einem Brief an Felice Bauer gab Kafka sich folgender Vorstellung hin: »ein grobes Holzstück sein und von der Köchin gegen ihren Leib gestemmt werden, die aus der Seite dieses steifen Holzstückes (also etwa in meiner Hüftengegend) das Messer mit beiden Händen heranziehend mit aller Kraft Späne zum Anmachen des Feuers losschneidet.« Aus diesem Bild lassen sich zahlreiche Schlüsse ziehen, tiefgründige und eher oberflächliche. Einer wäre, dass Kafka gern aus dem Holz seines Stammbaums geschnitzt gewesen wäre.

In seinem Büro bei der Arbeiter-Unfallversicherungs-Anstalt standen Kafka täglich die Unglücklichen vor Augen, die in Ausübung ihres Berufs verletzt oder verstümmelt wurden. Kafka wurde nicht bei der Arbeit verstümmelt, sondern zu Hause. Das kann kaum überraschen. Wenn man die Familie als Fabrik zur Kindererzeugung betrachtet, so fehlt es ihr an den grundlegendsten Sicherheitsvorkehrungen.

Um den gefährlichen Motor, den Vater, ist kein Schutzgitter gezogen. Kein Schutzschild bewahrt einen vor der Verbrennung durch die überhitzte Zuneigung der Mutter. Keine Atemmaske reicht aus, um die erstickende Atmosphäre zu ertragen. Es sollte nicht verwundern, dass so viele das Gleichgewicht verlieren und durch die Mangel der Liebe gedreht werden. Nehmen wir die Wittgensteins. Angesichts dessen, dass drei ihrer fünf Kinder sich das Leben nahmen, wirken die Kafkas wie eine Vorbildfamilie. Kafka und Wittgenstein, der eine in Prag, der andere in Wien, werden oft in einem Atemzug genannt. Gesellschaftlich lagen sie zwar himmelweit auseinander, doch beide sind zugleich Inhaltsstoff und Teilhaber an der intellektuellen Gärungsmasse der letzten Jahre des Habsburgerreiches. Auch wenn sie charakterlich grundverschieden waren, so klingen sie doch manchmal ganz ähnlich, wie hier in Wittgensteins Vorwort zu seinen *Philosophischen Untersuchungen*:

> »Ich übergebe (diese Bemerkungen) mit zweifelhaften Gefühlen der Öffentlichkeit. Dass es dieser Arbeit in ihrer Dürftigkeit und der Finsternis dieser Zeit beschieden sein sollte, Licht in ein oder das andere Gehirn zu werfen, ist nicht unmöglich; aber freilich nicht wahrscheinlich.
>
> Ich möchte nicht mit meiner Schrift Andern das Denken ersparen. Sondern, wenn es möglich wäre, jemand zu eigenen Gedanken anregen.
>
> Ich hätte gerne ein gutes Buch hervorgebracht. Es ist nicht so ausgefallen; aber die Zeit ist vorbei, in der es von mir verbessert werden könnte.«

Nabokov war überzeugt, regelmäßig im selben Zug gesessen zu haben wie Kafka, als sie sich 1922 beide hauptsächlich in Berlin aufhielten. Kafka und

Wittgenstein hingegen konnten sich wohl nur auf den Seiten eines Romans wie *Ragtime* begegnen, oder bei einem jener imaginären Zusammentreffen (Freud und Kafka sind ein naheliegendes Paar), die früher Maurice Cranston für das dritte Programm der BBC ersonnen hat. Doch auch wenn Wittgenstein nie von Kafka gehört haben sollte, so wusste Kafka zumindest mit Sicherheit von Wittgenstein. Das war in Böhmen, wo die Familie mehrere Stahlwerke besaß, ein bekannter Name. Ein Stahlwerk ist ein gefährlicher Arbeitsplatz, und die Wittgenstein-Fabriken mussten für einen Teil der unglücklichen Versehrten gesorgt haben, die auf der Treppe der Arbeiter-Unfallversicherungs-Anstalt, Na Poříčí Nummer 7, Schlange standen. Wenn Kafka also der Name Wittgenstein unterkam, so bedeutete er nichts weiter als mehr Papierkram.

Die Arbeiter-Unfallversicherungs-Anstalt muss ein seltsamer Ort gewesen sein, ein Reich des Absurden, wo sich Wohlergehen nicht auszahlte und der Verlust den Gewinn bestimmte; Körperteile wurden zu Gütern, und wurde man für gesund erklärt, verließ man das Haus mit leeren Händen. Hier trug jeder Mensch ein Preisschild auf der Stirn, oder eher am Arm oder Bein, wie den Blutzoll in uralten Rechtsordnungen. In dieser Welt wurde man belohnt, wenn man beraubt worden war, eine Entstellung zog eine Auszeichnung nach sich, wer stolperte und fiel, nahm alle Hürden. An Kafkas Arbeitsplatz hatte nur der vollständige Mensch etwas zu verbergen, die wahre Behinderung war, keine Behinderung zu haben, ein echtes Hinken, auf ehrliche Weise erworben, überwand jedes Hindernis, und die helfend ausgestreckte Hand musste erst vom Körper abgetrennt sein. Die Welt als Krankenhaus: Nietzsches Albtraum.

Kafkas Karriere im Versicherungswesen fiel in die Zeit, da Entschädigung für bei der Arbeit erlittene Verletzungen allmählich als notwendiger Teil des Anstellungsvertrages akzeptiert wurde. Die Arbeitsunfallversicherung ist zweifellos eine große Errungenschaft, doch sie hat auch eine neue Krankheit hervorgebracht – oder jedenfalls eine neue Neurose. Wollte man eine Neurose, war Österreich-Ungarn genau der richtige Ort dafür, und der Beginn des 20. Jahrhunderts genau die richtige Zeit; nur dass dieses Leiden seinen Ursprung nicht im Salon in der Fabrik hatte, wo es weniger gepolstert, gebildet und belesen zuging als in den wortmächtigen Phantasien, die den Besuchern der Berggasse 19 entlockt wurden. Die Entschädigungsneurose befiel und befällt jene (offenbar etwas häufiger Frauen als Männer), die einen leichten Arbeitsunfall und dabei insbesondere Kopfverletzungen erlitten haben; sagen wir ein schwacher Schlag oder Stoß, eine milde Gehirnerschütterung, nichts Schwerwiegendes. Vor der Einführung von Entschädigungszahlungen wurde so ein kleines Missgeschick wahrscheinlich ignoriert oder rasch vergessen. Ohne Chance auf Kompensation kam es auch nicht zur Neurose, das Gebot der Stunde lautete Lächeln und Erdulden. Doch sobald ein Regressanspruch besteht (und sollte die – kaum – verletzte Person nichts davon wissen, so werden es ihr oder ihm wohlmeinende Bekannte verraten), dann setzt sich der Gedanke fest, dass irgendjemand einem etwas schuldet. Man muss gar kein bewusster Simulant sein, um das Gefühl zu haben, eine Entschädigung sei erforderlich, und aus diesem Gefühl erwachsen Unzufriedenheit, Kopfschmerzen, Schlafstörungen und ein ganzes Arsenal neurotischer Symptome.

Bei der Figur Lily im Fernsehfilm *Der Versicherungsbeamte Dr. K* habe ich unterstellt, dass ein solcher Fall gelegentlich in die Hallen der Arbeiter-Unfallversicherungs-Anstalt vordrang. Dann kreiste ein weiterer hoffnungsloser Kläger durch die Korridore dieses unseligen Gebäudes. Diese Art von Suche, bei der man sowohl nach dem Namen für seine Erkrankung als auch nach Entschädigung dafür verlangt, hat etwas mit den Bemühungen von Josef K. in *Der Prozess* gemein. Er möchte, dass sein Vergehen identifiziert wird, doch niemand will es beim Namen nennen; das ist seine Beschwerde. Solange sein Verbrechen keinen Namen hat, kann er kein Gericht finden, das ihn davon freispricht.

Kafka und Proust beginnen ihre Werke an der Grenze zum Traum. Im Bereich zwischen Schlafen und Wachen versucht Marcel, seine Umgebung zu erfassen, findet sich Gregor Samsa in ein Insekt verwandelt und Josef K. verhaftet. *Die Verwandlung* und *Der Prozess* sind die beiden bekanntesten Werke Kafkas, Klassiker, wenn man so will. Klassiker – und ganz besonders moderne Klassiker – sind jene Bücher, die man lesen zu müssen glaubt, gelesen zu haben glaubt. In diese Kategorie fallen, vor allem für Leser, die in den Fünfzigern jung waren, Proust, Sartre, Orwell, Camus und Kafka. Das hat gar nichts mit Anmaßung zu tun: Als junger Mann meinte ich ganz ernsthaft, Proust und T. S. Eliot lesen zu müssen (auch wenn es natürlich nicht schadete, dabei gesehen zu werden). Ein paar Seiten jedoch überzeugten mich, das Wesentliche erfasst zu haben, und so wanderten sie weiter in das noch luftig bestückte Bücherregal zu Kafka, Camus, Orwell und dem Rest.

Die aktuelle Theorie (oder jedenfalls eine von ihnen) besagt, dass der Leser ebenso viel zu einem Buch hinzufügt wie der Autor. Wie viel aber tragen Leser zu einem Buch bei, die es nicht einmal durchzulesen vermochten? Daraus folgt, dass man sich am besten an jene Bücher erinnert, die man nie gelesen hat. Erinnert zu werden, ohne gelesen zu werden, das ist das Schicksal von *Der Prozess*, obwohl es das lesbarste von Kafkas Büchern ist. Kafka ist nämlich im Großen und Ganzen nicht sonderlich lesbar. Aber Lesbarkeit ist auch keine Hilfe auf dem Weg zum Klassiker. Große Bücher werden einfach als gelesen betrachtet – man nimmt schlicht an, jeder habe sie gelesen. Werden sie jedoch wirklich gelesen, zu oft und zu mühelos von zu vielen Menschen, dann sind es wahrscheinlich keine großen Bücher, oder jedenfalls bleiben sie es nicht sehr lange. Durch zu viel Lektüre zerbröseln sie wie heutzutage die Berge, die allzu beliebte Ausflugsziele sind.

Die Leser oder Nichtleser von *Der Prozess* erinnern sich falsch. Dem Ruf nach ist es eine Geschichte von Mensch und Bürokratie, eine Fabel, die gut ins Bürogebäude passt. Man erinnert sich an das Büro aus Orson Welles' Film – ein riesiger Hangar, in dem Hunderte von Angestellten an identischen Schreibtischen identische Aufgaben erledigen. Tatsächlich bewegt sich *Der Prozess* in kleinen Zimmern in dunklen Häusern, in Kulissen, die pittoresk, romantisch, geradezu idyllisch wirken. Für die Welt, in welcher *Der Prozess* spielt, kann man keinem Planungsstab die Schuld geben. Alles ereignet sich im absolut menschlichen Maßstab.

Die Topografie, die Kafka bedrückte, bedrückt uns nicht. Kafkas Universum der Angst besteht aus Korridoren und Dachböden und dunklen Kämmerchen an Hintertreppen. Es steht Dickens und *Alice im Wunderland* und sogar der Behaglichkeit von *Der Wind in den Weiden* näher als unseren heutigen leeren Räumen. Heute bebildern wir Trostlosigkeit anders: das Fließband, der mit Plastikfetzen geschmückte Drahtzaun, das Niemandsland zwischen den Fahrspuren der Autobahn. Aber das ist unsere Trostlosigkeit. Nicht Kafkas. Anders ausgedrückt: Kafkas Problem ist, dass er das Wort kafkaesk nicht kannte. Wer jedoch den *Prozess* als Vorschau auf die totalitäre Bürokratie betrachtet, könnte sich in dieser Sicht bestätigt fühlen, wenn er oder sie erfährt, dass das Gebäude am Dserschinski-Platz in Moskau, welches jetzt die Lubjanka beherbergt, Gefängnis und Hauptquartier des Geheimdienstes, früher einer anderen Institution diente: der Allgemeinen Russischen Versicherungsgesellschaft.

Josef K.s erste Untersuchung findet eines Sonntagmorgens in der Juliusstraße statt, einer schäbigen Straße mit ärmlichen Mietskasernen. Man hat ihm die Adresse eines öden Miethauses mit riesiger Toreinfahrt gegeben, die direkt auf einen Innenhof führt, umstanden von vielstöckigen Gebäuden.

Es ist zwecklos, heute in Prag nach diesem Hinterhof zu suchen. Schließlich existiert er nur in der Phantasie eines toten Autors, den Sie womöglich nicht mal gelesen haben. Aber nehmen wir an, Sie würden ihn suchen, so wie ein Proust-Leser nach Combray suchen könnte oder Brontë-Fans nach der Sturmhöhe, und nehmen wir an, Sie hätten gar die Adresse gefunden: Es sähe trotzdem nicht so aus, wie Kafka oder Josef K. es beschreiben. Heutzutage wäre der Sandstein blankgescheuert, die Ziegel neu verfugt, die Gesimse hätten wieder ihre alten (will sagen neuen) scharfen Kanten, und all das, würde das große Baustellenschild verkünden, dank eines regierungsgeförderten Renovierungs- und Restaurierungsprogramms. Egal, wo man in den alten europäischen Stadtvierteln hingeht, es ist überall das

Gleiche. Der Verfall ist aufgehalten, die Löcher und Risse sind gefüllt; in Padua, Perpignan und Prag hat die städtische Zahnmedizin triumphiert.

Auf unserer behaglichen kleinen Insel müssen Romanleser selten wegen Vergehen angeklagt werden, die sie nicht begangen haben, oder überhaupt wegen irgendwelcher Verbrechen: Die Schlagzeile PROUST-LESER WEGEN EINBRUCH VOR GERICHT klingt keineswegs überzeugend. Nur wenige von uns sind in Gefahr, ohne Anklage verhaftet zu werden oder morgens beim Aufwachen Polizisten im Schlafzimmer vorzufinden, und unsere Erfahrungen mit Bürokratie haben statt mit der Gestapo mit dem Gaswerk zu tun. Darum ist *Der Prozess* nicht unbedingt ein Buch, bei dessen Lektüre stetes Wiedererkennen einsetzt oder von dem man aufblickt und denkt: »Aber das ist ja meine Geschichte!«

Es ist auch kein Buch fürs Krankenzimmer, und selten findet man es auf jenen Rollwagen voll mit literarischem Ramsch, die von ehrenamtlichen Mitarbeitern durch die Stationen lokaler Krankenhäuser geschoben werden. Der Bücherwagen und der Essenswagen sind sich gar nicht unähnlich, denn sowohl dem Krankenhausessen als auch der Krankenhauslektüre fehlt es an Geschmack und Nährwert, und auch Ballaststoffe enthalten sie in der Regel nicht.

Ähnlich verhält es sich mit einem anderen Buch Kafkas. In der Erzählung *Die Verwandlung* wacht Gregor Samsa als »ungeheures Ungeziefer« auf; angesichts der Beschreibung seiner körperlichen Eigenschaften ist er in den meisten Übersetzungen und auch in der populären Wahrnehmung ein Käfer geworden. Nabokov, der sich damit auskannte, verspottete jene, die den insektifizierten Helden als einen bestimmten Käfer zeichneten oder übersetzten. Kafka wollte nicht, dass das Insekt überhaupt dargestellt würde, doch für den Klassifikationsfehler ist er größtenteils selbst verantwortlich. Kafka war es, der den Käfer zuerst ins Spiel brachte, wenn auch in einer anderen Kurzgeschichte, in *Hochzeitsvorbereitungen auf dem Lande* nämlich. »Ich habe wie ich im Bett liege die Gestalt eines großen Käfers, eines Hirschkäfers oder eines Maikäfers glaube ich.« Ob zu Recht oder nicht, Gregor Samsa ist mit seinem Erwachen als Käfer so berühmt geworden, dass es mich fast wundert, ihn nicht aufgegriffen und erneut verwandelt zu sehen, nämlich von der Werbeindustrie. Wenn er als Käfer erwacht, warum nicht als Volkswagen? Nur dass er sich diesmal nicht elend und erbärmlich fühlen dürfte, sondern froh und glücklich. Und seine Familie natürlich genauso. Warum auch nicht? Sie haben ein hübsches kleines Auto bekommen. Das einzige Problem ist: Wie kriegen sie es aus dem Schlafzimmer?

Die erste Kafka-Biografie schrieb sein Freund und Herausgeber Max Brod. Brod war es, der dessen Werke vor dem Vergessen rettete, sie bewahrte und trotz Kafkas gegensätzlicher Anordnung nach seinem Tod veröffentlichte. Brod war ein Jahr jünger als Kafka (auch wenn man ihn immer für älter hält) und lebte bis 1968. Er schrieb unzählige Essays und Artikel und veröffentlichte wohl 83 Bücher, eins pro Lebensjahr. In seinem Nachruf in der *Times* hieß es, er sei »selbst Autor von ungewöhnlich vielseitiger Prägung« gewesen, und er verfasste bis zu seinem Lebensende regelmäßig Romane, einer davon spielte im jüdisch-arabischen Krieg. All diese Romane kamen bei der Kritik schlecht weg. Würde man sämtliche Rezensionen seiner Bücher sammeln, fände man wohl nur wenige, vermute ich, in denen nicht irgendwo der Name Kafka erwähnt wird, und der Vergleich fiel unweigerlich zu Brods Ungunsten aus. Das war sicher nicht leicht zu ertragen. Er hatte nicht nur eigenhändig Kafkas Denkmal errichtet, sondern auch seinen Nachruf begründet, aber es gelang ihm nie, aus seinem Schatten zu treten. Man würde ihm verzeihen, wenn er gegenüber Kafkas Namen ebenso gemischte Gefühle hegte wie Kafka selbst.

Er war zwar nie Kafkas Frau, doch nach dessen Tod übernahm er die Rolle der treu ergebenen Witwe, wachte über seinen Ruf, autorisierte Veröffentlichungen, gab die Tagebücher heraus und vertrieb alle Unbefugten von seinem Grab. Da er in Tel Aviv lebte, blieb ihm das Schicksal entsprechender Figuren der englischen Geistesgeschichte erspart: Auftritte in einer endlosen Folge von Kultursendungen, wo jene Menschen, die Berühmtheiten kannten, nach ihren Erinnerungen befragt werden, im vollen Bewusstsein, dass man sie nur als Menschen im Gedächtnis behalten wird, weil sie jemand anderen im Gedächtnis behielten.

Der Versicherungsbeamte Dr. K

28. Juli 1985, Cunard Building, Liverpool
Kafka stand einmal vor dem Gebäude der Arbeiter-Unfallversicherungs-Anstalt und beobachtete die hineingehenden Anspruchsteller. »Wie bescheiden diese Menschen sind«, sagte er zu Max Brod. »Anstatt das Gebäude zu stürmen und alles in Stücke zu schlagen, kommen sie als Bittsteller zu uns.« Diese Szene filmen wir heute, und die verletzten Arbeiter drängen sich auf den Treppenstufen. Die meisten sind als Verletzte zurechtgemacht, aber einige sind es tatsächlich – ein blonder, einarmiger junger Mann, der einen Dienstboten spielt, und ein Junge mit einem Bein und einem zerquetschten Ohr, der wie der lahme Junge in der Geschichte vom Rattenfänger hinter der Menge her humpelt. Ohne mich über die Behinderten lustig machen zu wollen, habe ich doch einige Witze zum Thema ins Drehbuch geschrieben. »Nur weil Sie bloß ein Bein haben«, brüllt ein Beamter, »können Sie sich hier nicht wie ein Wilder aufführen.« Die Absicht ist zwar, die Herzlosigkeit der Beamten und die Verzweiflung der versehrten Arbeiterschaft zu zeigen, doch in Anwesenheit dieser echten Verletzten erweist man sich selbst als herzlos. Ich kann mir nicht vorstellen, habe nicht mal versucht, mir vorzustellen, wie es ist, ein Körperteil abgerissen zu bekommen, ein Bein oder ein Ohr. »Du sagst, du hast Verständnis«, sagt Franz im Film. »Aber wenn du Verständnis hast und nichts unternimmst, bist du noch schlimmer als die anderen. Dann bist du böse.« Das erinnert an Kafkas Bemerkung, dass Schreiben heißt, das

Werk des Teufels zu tun. Und es entschuldigt auch nicht, es das Werk des Teufels zu nennen. Man ist schnell dabei, den Fotografen zu verachten, der das verhungernde Kind heranzoomt oder den sterbenden Soldaten. Schreiben ist nichts anderes.

Aus dem Fenster starren

Beim Schriftsteller ist das Leben, das er nicht führt, ein ebenso weites und üppiges Land wie das Leben, das er führt, und manchmal sogar leichter zugänglich. Mein erstes Theaterstück spielte an einer englischen Privatschule, einer Institution, die ich als Schüler nie betreten hatte. Aber ich wusste etwas darüber, und ich konnte mithilfe der Bücher, die ich gelesen hatte, darüber schreiben ... Memoiren, Biografien, Schulgeschichten und sogar Comics. Ich ging auf eine staatliche Schule und hatte schon früh versucht, über die Art Schule zu schreiben, die ich besuchte, aber ich fand es unmöglich und habe es auch seither nie geschafft, darüber zu schreiben, vielleicht weil auch so wenige andere Autoren es geschafft haben.*

Auf jeden Fall konnte man nur auf wenig Staatliche-Schulen-Literatur zurückgreifen und definitiv nicht auf eine Tradition. Kunst entsteht aus Kunst, und ohne Unterstützung neue Wege zu beschreiten ist nicht leicht. Ich zumindest fand es schwer, wohingegen ich beim Schreiben über die Eigenheiten und Exzentrik einer leicht heruntergekommenen Privatschule einfach meiner Vorstellungskraft freien Lauf lassen, den Witzen den Boden bereiten und von dem zehren konnte, was ich gelesen hatte. Es war kein Leben, nach dem ich mich sehnte, oder eine Bildung, die ich anderen neidete, doch ich fand eine Privatschule viel leichter darzustellen

---

* Das war im Jahr 2001, und seither habe ich etwas unerwartet *The History Boys* geschrieben (2004), das in einer staatlichen Schule im Norden Englands spielt.

(oder zu karikieren) als das Leben der manchmal verzweifelten und zutiefst desillusionierten Männer, die mich in der staatlichen Schule unterrichtet hatten ... und die zu verstehen und nachzubilden ich eigentlich besser in der Lage gewesen wäre.

Da ich als Kind viel gelesen hatte und ins Kino gegangen war, hatte ich die umgekehrten moralischen Standards, die in diesen Alternativwelten galten, bereitwillig absorbiert. Mir musste man nicht erzählen, dass der wahre Bösewicht im Gangsterfilm keiner von den kleinen Ganoven und Schlägertypen war, sondern der freundliche, weißhaarige und scheinbar respektable Bürgermeister. In der Geschichtenwelt war arm besser als reich, unscheinbar besser als bildschön. Nichts war, wie es schien.

Diese auf dem Kopf stehenden Werte hatte ich so gründlich verinnerlicht, dass ich erwartete, sie würden auch in der Wirklichkeit gelten. Wie konnten die französischen Adligen am Vorabend von Agincourt *nicht* erkennen, dass ihr maßloses Selbstvertrauen und ihre überlegene Schlagkraft sie unweigerlich zur Niederlage verdammte? Hatten sie noch nie Märchen gelesen? Oder David und Goliath?

Ich war alt genug, um die vernichtende Schlappe des Britischen Expeditionskorps 1940 in Frankreich mitzubekommen, doch die Niederlage und die Evakuierung der Truppen aus Dünkirchen ließen mir den Sieg von El Alamein und die Invasion am D-Day geradezu unvermeidlich erscheinen. Es half natürlich, dass ich die Geschichte so erzählt bekam.

Wenn es zum Schreiben gehört, die Bemühungen der Phantasie an einem inneren Polizisten oder Zollbeamten vorbeizuschmuggeln, dann ist eine der Funktionen dieses Beamten die Geschmackskontrolle. Die Prinzipien des Geschmacks werden durch die Vergangenheit und ihre Präzedenzfälle entwickelt: Die Geschmacksgesetze sind ein Fallrecht; sie geben Anleitung, was bereits getan wurde und dementsprechend gefahrlos wieder getan werden kann. Für manche Schriftsteller sind diese Beschränkungen gar kein Problem; Zäune werden nur dann zu Hindernissen, wenn man sie überspringen will.

Aber Geschmack ist einem Schriftsteller keine Hilfe. Geschmack ist zaghaft, konservativ und ängstlich. Er ist ein Handicap. Er hemmt. Olivier ließ sich nicht vom Geschmack hindern und war oft vulgär; Dickens ebenso. Beide konnten scheitern, und Scheitern ist auch eine Form der Vulgarität; aber besser als zaghafte Anpassung.

Geschmack hängt eng mit Selbstschutz zusammen. Ich habe zu viel Geschmack, es fällt mir schwer, mich gehen zu lassen. Und auch das Publikum ist eine Geschmackspolizei. Entkommen kann man nur, wenn man das Publikum vergisst. Im Versuch, diesem inneren Polizisten zu entrinnen, betrank ich mich oft ein wenig, bevor ich in Oxford anfing, Sketche zu schreiben. Da ich aber nie viel brauchte, bis ich beschwipst war, reichte oft eine Viertelliterflasche von irgendwas für den ganzen Abend. Zuerst war es Gin, dann wurde er mir zuwider, ich versuchte Whisky, um am Ende beim Wodka zu landen, weil er im Grunde nach nichts schmeckte. Ich hatte nie Bedenken, meinen Freunden (die viel mehr als ich tranken) davon zu erzählen, und war überrascht, wie schockiert sie sich zeigten, weil sie Alleintrinken für den ersten Schritt auf dem Weg ins Verderben hielten. Mir schien es ganz natürlich, einfach eine Methode, den Geist zu lockern und den Zensor auszuschalten, der den Handlungsspielraum einschränkte, die dünne essigsaure Stimme, die einem einredete: »Das kannst du nicht schreiben. Andere Leute vielleicht, aber nicht du. Es sei denn, du willst dich zum Narren machen.«

Manchmal, besonders im Sommer in New York, habe ich versucht, in kurzen Hosen oder mit freiem Oberkörper zu schreiben, und gemerkt, dass ich es nicht kann. Das liegt daran, nehme ich an, dass ich Schreiben, selbst wenn es sehr unpersönlicher Art ist, als eine Art Entkleidung betrachte, vielleicht sogar als Striptease, und wenn ich schon ausgezogen anfange, kann ich nirgendwo mehr hin.

Beim Lesen sind die besten Augenblicke jene, wenn man auf etwas stößt – einen Gedanken, ein Gefühl, eine Sichtweise –, das man bisher einzig und allein bei sich selbst vermutet hatte. Da steht es nun, hingeschrieben von jemand anderem, einem Menschen, dem man nie begegnet und der vielleicht schon lange tot ist. Und es fühlt sich an, wie wenn eine Hand sich aus dem Buch strecken und die eigene ergreifen würde. Dies beim Schreiben zu erreichen muss ebenfalls zutiefst zufriedenstellend sein. Wenn der Schriftsteller das allerdings nicht von Lesern mitgeteilt bekommt (was nicht so leicht ist, wenn es sich zum Beispiel um Montaigne handelt), dann wird er nie erfahren, dass er ins Schwarze getroffen hat.

Emerson schreibt:

»In jedem Werk des Genies finden wir unsere eigenen Gedanken widergespiegelt, sie kommen mit einer fremden Majestät bekleidet zu uns zurück. Die größten Werke der Kunst geben uns keine ergreifendere Lehre als die, an unserem spontanen Eindruck mit fröhlicher Unbeugsamkeit festzuhalten, und gerade dann am meisten, wenn das ganze Stimmengezeter für die Gegenseite ertönt. Sonst wird morgen ein Fremder mit meisterhaftem Verständnis gerade das aussprechen, was wir die ganze Zeit über gedacht und gefühlt haben, und wir sehen uns mit Beschämung gezwungen, unsere Meinung von einem anderen zu entlehnen.«[*]

Die gleiche Saite schlägt Seamus Heaney an, der das Schreibbedürfnis des Dichters analysiert und dabei zunächst erklärt, wie er dieses befriedigt, indem er seine eigene einzigartige und unverwechselbare Stimme findet, aber

> »... dann setzt das lästige und beglückende zweite Bedürfnis ein, nämlich über sich selbst hinauszugehen und es mit der Andersartigkeit der Welt aufzunehmen, in Werken, die ganz sein eigen bleiben, doch zugleich allen anderen Zugang gewähren ... [Dichter] bestärken unsere Neigung, den Eingebungen unseres intuitiven Seins zu vertrauen. Sie helfen uns, tief in den Schlupfwinkeln unseres Seins ... zu sagen: Ja, ich weiß auch von so etwas. Ja, das stimmt; danke dafür, das in Wörter gefasst und es mehr oder minder offiziell gemacht zu haben.«[**]

Es war noch nie ein Kinderspiel, solche Töne allgemeiner Menschlichkeit zu treffen, aber heute fällt es noch schwerer, weil es Konkurrenz aus unerwarteter Ecke gibt. Solche Gedanken, Eindrücke oder Erfahrungen, die sozusagen zum menschlichen Stammkapital gehören, in seinem eigenen Leben, seiner eigenen Phantasie zu entdecken, ist nicht

---

[*] Ralph Waldo Emerson: Self-Reliance. Erstdruck: 1841. Hier in der Übersetzung von Dr. Karl Federn und Thora Weigand, Halle a. d. Saale (Paalzow und Lehmann) 1894, erschienen unter dem Titel »Selbständigkeit«.
[**] Seamus Heaney: Die Herrschaft der Sprache, übersetzt von Alexander Schmitz, München (Hanser) 1992.

ohne Risiko und kann auch beschämend sein. »Habe ich auch schon gedacht«, sagt der wohlwollende Leser. Oder auch nicht. Nein, niemals.

Am meisten bekommen das heutzutage wegen ihres unmittelbaren Zugangs zum Publikum und dessen Reaktionen nicht die Verfasser von Romanen oder Autobiografien zu spüren. Nein, wer heute am dringendsten nach allgemein geltender Münze sucht, sind Stand-up-Comedians. Ihre Währung ist das Lachen, das aus dem Wiedererkennen entsteht, ihre Handelsware sind Geschichten, die mit »Ist Ihnen auch schon aufgefallen ...« beginnen – und es folgt eine Beobachtung (weniger mühsam erlangt als seine oder ihre, denken sich die armen Literaten), je schockierender und intimer, desto besser, und je tiefer sie ins Mark trifft, umso eher dürfte sie Gedanken und Gefühle ansprechen, die so beschämend oder unaussprechlich sind, dass wir sie für ganz persönlich und nur uns allein eigen gehalten haben (und auch so behalten wollten).

Jetzt nicht mehr. Heutzutage gibt es nichts mehr, was Komiker nicht aussprechen können. Manche ihrer Sprüche mögen stumpf sein, ihre Aperçus angestrengt und selten so spontan oder fröhlich zufällig oder tatsächlich aus dem Ärmel geschüttelt, wie sie uns glauben machen wollen, so sind diese Komiker doch vom selben Stamm wie wir anderen: Dramatiker, Romanciers, Autobiografen, Dichter oder Komiker, das macht keinen Unterschied; Proust liegt auf einem Kontinuum, das sich über Billy Connolly bis zu Bernard Manning, Eddie Izzard und noch weiter erstreckt. Und sollten Sie das bezweifeln, lesen Sie Prousts Beschreibung des Verhaltens von Baron de Charlus, als der den jungen Geiger Morel zum ersten Mal am Bahnhof sieht; nur leicht transponiert, ist es eine Nummer von Jerry Seinfeld.

Falls irgendjemand profitiert von dieser furchtlosen Gewissensprüfung, vom Graben in unseren intimsten Geheimnissen durch die Komiker der Nation, immer auf der Suche nach einem gemeinsamen Nenner, dann hoffe ich, es ist ein Junge, wie ich einer mit vierzehn war, unbeholfen, unsicher, von Ängsten geplagt, die beschämend und nicht mitteilbar schienen. Er ist gleichzeitig prüde und lüstern, fühlt sich seinen Mitmenschen entfremdet, ist von seiner eigenen Schlechtigkeit und Scheinheiligkeit überzeugt. Ich hoffe, dass es nicht mehr so viele solcher Jungen und Mädchen gibt wie früher und dass die Bemühungen von Schriftstellern und Comedians sie befreien können. Doch es wird immer einige geben, denn keine Aufklärung kann etwas gegen die unabweisbare Fähigkeit des menschlichen Geistes ausrichten, sich selbst ein Gefängnis zu sein.

Ist Schreiben eine Form von Striptease, dann klappt es besser, wenn der Autor eine funktionierende Langzeitfigur entwickelt wie Philip Roths Zuckerman oder John Updikes Rabbit. Ich hätte viele (nicht dass es gar so viele gäbe) der Geschichten meines Lebens auf solch eine Figur laden können, ohne dabei meine Zurückhaltung aufzugeben. Aber dafür habe ich nicht genug Prosa geschrieben, und Theaterstücke erlauben selten so viel dauerhaften Zusammenhang, dass man einen wiederkehrenden Charakter einbauen könnte.

So bin ich bei vielen meiner Werke außen vor geblieben. Ich finde mich beispielsweise nicht in *Forty Years On* wieder, wenngleich viel von meiner Lektüre darin steckt. In manchen meiner Stücke bin ich vorhanden, in anderen sehe ich mich nicht – in *The Madness of King George III* zum Beispiel, oder *A Question of Attribution* –, und insgesamt sind mir die Stücke lieber, in denen ich abwesend bin, als jene, in denen ich meine eigene Stimme zu deutlich höre.

Diese Abwesenheit vom eigenen Werk wird mit dem Tod aufgehoben, zumindest in meinem Fall, stelle ich mir vor, weil ich Tagebuch geführt habe. Im Leben bleiben solche Aufzeichnungen separat, ein Kommentar, der nebenherläuft, selbst wenn (wie in meinem Fall) gelegentlich Auszüge daraus veröffentlicht werden.

Der Tod jedoch verschmilzt all unser Schreiben und ebnet alle Unterschiede ein. An Virginia Woolf erinnert man sich ebenso sehr wegen ihrer Tagebücher wie wegen der Schriften, die sie als ihr eigentliches Werk angesehen hätte; jetzt aber ist einfach alles Virginia Woolfs Werk.

Allerdings gibt es solche und solche Tagebücher. Virginia Woolfs waren lebendiger als ihre Romane, so wie Philip Larkins Tagebuch wahrscheinlich ebenfalls lebhafter war als seine Gedichte, wenn auch auf andere Weise. Ihr Tagebuch vergrößerte ihren Ruhm; seines (glaubte er selbst zumindest) hätte dies nicht getan, weshalb seine pflichtbewusste Nachlassverwalterin es in den Reißwolf steckte. So wie er über den Tod dachte, überrascht es mich immer noch, dass es ihm überhaupt wichtig war.

Lektüren 1997–2004

26. September 1997
Höre eine hervorragende Aufnahme von *Tristram Shandy*, gelesen von John Moffat, der es fertigbringt, durch das Vorlesen auch solchen Stellen Sinn zu geben, die auf dem Papier völlig unverständlich sind. Einmal las John in Edinburgh etwas von Tschechow und hörte eine alte Dame beim Hinausgehen sagen: »Am Ende des ersten Aktes wurde ja reichlich gelacht, aber dem habe ich dann schnell ein Ende gesetzt.« Er trat auch in Perth auf, wo *The Cherry Orchard*, also *Der Kirschgarten*, als *The Cheery Orchard* im Sinne eines *Fröhlichen Obstgartens* angekündigt wurde.

30. September 1997
Lese *The Birth of Shylock and the Death of Zero Mostel* von Arnold Wesker, über die Versuche, sein Stück *The Merchant* auf die Bühne zu bekommen, und wie es am Broadway floppte. Vieles kann ich nur zu gut nachvollziehen. Es lässt sich eine einzige Lehre daraus ziehen: Ein Dramatiker und ein Regisseur sollten niemals miteinander korrespondieren. Abgedruckt sind zahlreiche Briefe von Wesker an Peter Hall, von John Dexter an Wesker und von Wesker an jeden, der ihm zuhören mag. Der letzte Brief, den ich im Zusammenhang mit der Inszenierung eines meiner Stücke geschrieben habe, datiert von 1977, als ich mit Einverständnis des Regisseurs versuchte, auf die Darstellung eines der Schauspieler von *The Old Country* einzuwirken. Es funktionierte nicht, weil Briefe meiner Erfahrung nach nie

funktionieren; sosehr sie auch mit Lob gespickt sein mögen, sie werden doch unweigerlich als Beleidigung aufgefasst. Man kann sagen, was man denkt, oder auch nicht, aber aufschreiben sollte man es niemals.

7. November 1997
Isaiah Berlin gestorben. Ich habe nie verstanden (er behauptet, er auch nicht), warum er ein so hohes geistiges Ansehen genoss. Sein Schreiben ist geschwätzig und langatmig, und das einzige seiner Bücher, das ich durchgelesen habe, ist *Der Igel und der Fuchs*, da war ich zwanzig. Er war der Liebling der *New York Review of Books*, die in den Achtzigern in praktisch jeder Ausgabe etwas über ihn brachte.

Zurzeit lese ich *Errata*, die intellektuelle Autobiografie von George Steiner. Ich wünschte, sie wäre nicht ganz so intellektuell, denn die rein autobiografischen Teile – z. B. seine Anfänge an der University of Chicago – sind faszinierend. Im Gegensatz zu Berlin schafft Steiner es immer, den Leser in seine Sprache hineinzuziehen und ihm das Gefühl zu geben, dass seine Gedanken aus einem lebendigen Körper herausgearbeitet werden, wie Kafka und Wittgenstein es auch praktiziert haben. Und im weiteren Gegensatz zu Berlin hatte Steiner wenig Glück dabei, sich den Engländern anzuempfehlen, zum Teil, weil er unbeholfen und, so stelle ich mir vor, empfindlich ist; er gibt selbst zu, dass sein breites akademisches Interesse und die nicht sonderlich ausgeprägte Bescheidenheit hinsichtlich seiner intellektuellen Ausstattung »Abneigung, berufliches Misstrauen und Ausgrenzung« hervorgerufen haben. Berlin und Steiner würden zwei gute Protagonisten in einem Theaterstück abgeben, beide Juden, beide ausgesprochen intellektuell, aber der eine bescheiden, selbstironisch und gesellig, der andere schnippisch, schwierig und absolut nicht assimilierbar, weshalb er nie richtig Anerkennung findet.

Apropos Steiner, es gab eine Zeit in den frühen Siebzigern, als ein paar Bekannte, darunter Fernsehintendant Brian Wenham, Redakteur Derrick Amoore und Francis Hope (alle viel zu früh verstorben), jeden Sommer zusammen mit ihren Familien eine Villa am Mittelmeer mieteten. In einem Jahr erfuhren sie voller Begeisterung, dass Steiner die Villa nebenan mieten wolle. Sie waren alle meinungsstarke Intellektuelle, besonders Francis, und freuten sich auf Steiners Ankunft und ein paar Spontanseminare.

Steiner kam dann tatsächlich, aber es stellte sich heraus, dass es sich um den Prominentenfrisör Steiner handelte.

16. November 1997, Yorkshire
Schaue zwei unangekündigte Sendungen auf BBC 2 an, in denen Isaiah Berlin von Michael Ignatieff interviewt wird. Ich habe Berlin noch nie gesehen oder gehört (außer von anderen persifliert), erliege auf der Stelle seinem Charme und verstehe, warum so viele Menschen glauben wollen, dass da ein guter Mann ein echtes Geistesleben führt.

Mir war schon vorher aufgefallen, dass Berlin die Antithese zu Wittgenstein war und dass ein Berlin in voller Fahrt für einen Philosophen, der sich knapp und prägnant ausdrückte, unerträglich gewesen sein könnte. Wie sich herausstellt, sind die beiden sich aber wirklich einmal begegnet, und sogar Wittgenstein verfiel seinem Zauber; für Berlins Gedanken hatte er zwar nicht viel übrig, aber er schätzte seine Aufrichtigkeit. Sein Schreibstil ist oft etwas geschraubt, aber wie er etwas ausspricht, ist unglaublich faszinierend. Nicht weit von hier gibt es eine Quelle, die *Ebbing and Flowing Well* heißt, die sprudelt so auf und ab wie Berlin, dem die Worte aus dem Mund quellen wie einem aufstoßenden Baby das Essen. Es wäre wohl unmöglich gewesen, ihn nicht zu mögen, und ich werde außerordentlich vergnügt.

30. September 1998
Habe *Der Gast aus der Zukunft* von György Dalos zu Ende gelesen, den Bericht des Besuchs von Isaiah Berlin bei Anna Achmatowa in Moskau im November 1945 und seine katastrophalen Folgen für Achmatowas Karriere oder jedenfalls für ihre Beziehung zur Obrigkeit. Weder die Dichterin noch der Philosoph kommen dabei gut weg, allerdings habe ich von Anfang an ein Problem mit Achmatowa, die allseits als bedeutende Dichterin gilt, aber deren Gedichte, von denen hier kleine Stücke abgedruckt sind, in der Übersetzung gewöhnlich und banal klingen. Schuld ist zweifellos die unzulängliche Übersetzung, und ich weiß noch, dass ich das gleiche Gefühl bei Puschkin hatte, als ich im Russisch-Kurs bei der Armee war, aber mein rudimentäres Russisch nie ausreichte, um ihn im Original würdigen zu können. Man muss die Größe ihrer Dichtkunst also einfach glauben, und das tat Achmatowa vor allem selbst, was für mich ein weiterer Stolperstein ist. Tatsächlich wähnen sowohl sie als auch Berlin sich ganz selbstverständlich im Zentrum der Weltgeschichte, auch das ist wiederum unsympathisch. Was ihnen beiden und vor allem Achmatowa fehlt, ist ein Schuss Kafka.

Treffe David Storey bei Marks & Spencer. Er platzt zwar nicht gerade vor Lebensfreude, muntert mich aber immer auf. Heute hat er sich an ein Paar gehängt, das er beim Klauen beobachtet hat. Offenbar macht er das häufiger, ich nehme an, weil er Romane schreibt; er meint, Ladendiebe hätten immer die gleiche Technik. Wer etwas klauen will, geht zuerst zum Wachmann und fragt, wo man, sagen wir, Suppen oder Sandwiches findet. Der Wachmann zeigt es ihnen und nimmt dann keine Notiz mehr von ihnen, weil sie sich ja als redliche Kunden erwiesen haben. David S. sagt, er habe noch nie einen Dieb verpfiffen, obwohl er jedes Mal in Versuchung käme, wenn jemand so offensichtlich stiehlt, dass es die Intelligenz eines jeden Beobachters beleidigt.

6. Oktober 1998
Dank Keith Thomas habe ich *Bare Ruined Choirs* gelesen, die Darstellung des Benediktiners und Historikers David Knowles über die Auflösung der englischen Klöster. Selbst 450 Jahre später deprimieren mich die Zerstörungen und der Vandalismus; und als R. heute Morgen zu mir sagte: »du wirkst ein bisschen niedergeschlagen«, lag das nicht an der Lage im Kosovo, sondern daran, dass die Kommissäre des Königs 1538 sogar die Bodenfliesen der Fountains Abbey herausbrachen, um sie im Kapitelsaal als Baumaterial zu verscherbeln. Und so wie Randolph Churchill, der bei der Bibellektüre ausrief, »Mein Gott, ist dieser Gott ein Arsch!«, habe ich mir nie klargemacht, wie viel Furcht und Schrecken Henry VIII. verbreitete (den die Engländer, typischerweise, eher als Witzfigur betrachten).

Natürlich ist Knowles ein katholischer Historiker, aber man kann ihm schwerlich Propaganda vorwerfen, er weist nicht einmal auf manche Ironie der Geschichte hin, die ich kaum hätte unterschlagen können. Zum Beispiel war Hugh Latimer, einer der Oxford-Märtyrer, die Maria I. verbrennen ließ, 1538 selbst bei der deutlich grausameren Verbrennung des Mönches John Forest anwesend und predigte dort sogar. Ich habe Nicholas Ridley und Hugh

Latimer immer für ziemlich heilig gehalten, aber Latimer scheint ein eher grober Klotz und noch dazu ein Tölpel gewesen zu sein. Zu seinem Glück hatte er Freunde, die dafür sorgten, dass sein Ende wesentlich schneller und gnädiger vonstattenging als jenes, das er Bruder Forest bereitet hatte. Auf der anderen Seite haben wir Thomas Morus, der als Heiliger verehrt wird, aber auch Ketzer jagte und verbrennen ließ, womit sich weder Knowles noch, etwas aktueller, Peter Ackroyd befassen. Es ist also an diesem Morgen nur angemessen, dass ich eine Petition der *National Secular Society* für Peter Tatchell unterschreibe, der aufgrund irgendeines kirchlichen Quatschgesetzes von 1860 wegen Erregung öffentlichen Ärgernisses (d.h. einer Protestaktion) in der Kathedrale von Canterbury angeklagt wird.

Mir fällt auf, dass die meisten protestantischen Geistlichen des 16. Jahrhunderts etwas *Übermütiges* an sich haben, was wohl daran liegt, dass sie ständig in Streitigkeiten verwickelt waren. Die gleiche Verrohung sieht man heutzutage bei Bischöfen, die zu oft im Fernsehen auftreten.

1. November 1998
Lord Tebbit schreibt in einem Leserbrief an die *Times*, dass Homosexuelle keine relevanten Kabinettsposten erhalten sollten, damit sie nicht in die Lage versetzt werden, einander Gefälligkeiten zu erweisen. Und dies soll man nun lediglich als exzentrische Sicht eines Edelmanns begreifen, auch wenn genau dasselbe Argument früher gegen Juden verwandt wurde, auf ebensolcher Grundlage. Natürlich hat sich Norman Tebbit schon immer angestrengt, unsympathisch zu wirken, und so etwas wie Pathos vermochte er nur in dem Moment auszustrahlen, als er aus den Trümmern des in die

Luft gesprengten Grand Hotels in Brighton gezogen wurde und schwächlich versuchte, seine Eier vor den wartenden Kameras zu verbergen.

Zufällig lese ich gerade *French and Germans, Germans and French*, Richard Cobbs Buch über das besetzte Frankreich im Ersten und Zweiten Weltkrieg; am gleichen Tag, an dem Tebbits Brief erschien, stieß ich auf das hier: »Vielleicht begrüßen Homosexuelle jede dramatische Schicksalswendung einer Nation als Gelegenheit, den Fuß in die Tür zu kriegen und sich die besten Jobs zu sichern.« Cobb führt als Beleg für diese erstaunliche Behauptung lediglich die Vorliebe der französischen Rechten für Jugendorganisationen in kurzen Hosen an. Cobb ist im Allgemeinen ein hervorragender (und sehr lesenswerter) Historiker, aber manchmal gefällt er sich doch zu sehr im Verzicht auf jedes moralische Urteil – zum Beispiel indem er Foltern für die *Milice française* und das Verkaufen von Nylonstrümpfen auf dem Schwarzmarkt als nur verschiedene Grade auf der gleichen Skala markiert. Diese Verweigerung jeder Beurteilung lässt seine Behauptung eines schwulen Opportunismus umso erschreckender wirken. Hierüber lässt sich nicht rational oder produktiv diskutieren, aber ebenso zutreffend ließe sich sagen, dass Homosexuelle jede dramatische Schicksalswendung einer Nation als Gelegenheit begrüßen, sich in große persönliche Gefahr zu begeben, und dass der verstorbene Bunny Roger, der sich im heftigsten deutschen Bombardement den Lidstrich nachzog, ebenso typisch ist wie Kollaborateure, die auf nackte Knie stehen.

27. Januar 1999
Eine Frau schreibt mir, sie habe etwas gelesen, was ich über Kafka geschrieben hätte, danach sei sie aber an Kafka gescheitert. Aus dem gleichen Grund

suchte sie in der Bibliothek nach etwas zu Larkin, gab das Buch aber sofort zurück, nachdem sie sein Foto gesehen hatte. »Er sah Sergeant Bilko aus der Fernsehserie viel zu ähnlich.«

15. Mai 1999
Lese *A Pacifist's War* von Frances Partridge zu Ende und fange mit *Stalingrad* von Antony Beevor an. Beide Bücher behandeln den gleichen Zeitraum, aber aus unterschiedlichen Perspektiven, da Erdlöcher beim Ham Spray House in Wiltshire und Unterstände in Stalingrad schwerlich zu vergleichen sind. Wenig überraschend ist *Stalingrad* ein Bestseller, der Verlauf des Konflikts liest sich so spannend, fast homerisch, mit den beiden eingebildeten und eigensinnigen Führern, die sich wie die Götter immer wieder einmischen und die Bemühungen ihrer Generäle zunichtemachen, und mit den Soldaten auf beiden Seiten, die unsagbare Entbehrungen erdulden. Ich bin heute Morgen zwar niedergeschlagen, aber wenn ich den Blick durch mein gemütliches Zimmer voller Bücher schweifen lasse, denke ich: »Na ja, zumindest ist das hier nicht Stalingrad: Es ist warm, und ich habe keine Läuse.«

21. März 2000
Habe ohne großes Interesse die bisher unveröffentlichten Auszüge aus Silvia Plaths Tagebüchern gelesen. Ich wusste nichts von Hughes' Homophobie – obwohl ich mir nicht sicher bin, ob die Abneigung gegen Truman Capote darunterfällt, denn Capote verdient seine ganz eigene Phobie. Wie immer fühle ich mich davon abgestoßen, wie »poetisch« das alles ist – ihre heftigen Streitigkeiten und Zärtlichkeiten und der ganze kreatürliche Schmutz. Hätte es ein paar Scherze gegeben, hätte das den Bann vielleicht gebrochen.

7. Mai 2000
Komme ans Ende von *Ravelstein*, Saul Bellows Roman, der angeblich auf seinen Freund und Kollegen Allan Bloom Bezug nimmt. Ich werde nie ganz heimisch mit Bellows Stil (und kann auch nicht darüber hinwegsehen), der seine Prosa mit einer fast süßlichen Patina überzieht – es ist Designerprosa, gut, geschmackvoll und selbstredend reichhaltig. Reichtum ist auch Thema des Buches, da Ravelstein durch den Erfolg seines Buches (Blooms Bestseller hieß *Der Niedergang des amerikanischen Geistes*) plötzlich Multimillionär wird. Ich bin da vielleicht ein bisschen hinterher, aber ich hätte nie gedacht, dass man mit so einem Buch (auch wenn es weltweit übersetzt worden ist) Multimillionär werden kann (vor allem nicht, wenn man Faber&Faber-Autor ist).

Bellow macht es Spaß, präzise Hinweise auf diesen neuen Reichtum auszuschmücken – eine Suite im Crillon in Paris, Krawatten von Hermès, Hemden von Turnbull & Asser und einen Nerz auf dem Bett. Obwohl Chick, der Erzähler der Geschichte, von deutlich bescheidenerer Natur ist, bin ich mir nicht sicher, ob diese eingestreuten Hinweise die Vulgarität deutlich machen sollen; sie sind fast so kennerhaft wie bei Ian Fleming – das beste Hotel, *der* Hemdladen usw. Ist Bellows Schilderung dieser Vulgarität also selbst vulgär?

2. Oktober 2000
Peter Nichols Tagebücher zu Ende gelesen, eine unterhaltsame Lektüre und nur schwer aus der Hand zu legen. Er ist, genau wie Osborne es war, mit Scharen von Verwandten gesegnet, mit denen er wesentlich aufmerksamer und fürsorglicher umgeht, als ich es jemals mit meinen wenigen geschafft habe. Aber sie erwidern die Zugewandtheit auch

und sind zudem eine gute Materialquelle. Wahrscheinlich sollte nicht gerade ich so etwas sagen, aber bei Nichols ist der Übergang von Leben zu Kunst ziemlich kurz, und niemand hält sich lange darin auf.

Lese außerdem Eamon Duffys *The Stripping of the Altars*, schwerer Stoff, aber interessante Einzelheiten zu den Zeremonien der spätmittelalterlichen Kirche sowie ihrer systematischen Demontage unter Edward VI. und Elizabeth. Mir war nicht klar, dass die Elisabethanische Religionsregelung auch das Ende der Mysterienspiele bedeutete, die um 1580 bereits so gut wie vergessen waren. Es beschämt mich, dass ich mich über diese mehr als 500 Jahre zurückliegenden Ereignisse (besonders über die Bilderstürmerei) mehr aufrege als über alles, was aktuell in Jugoslawien oder Sierra Leone passiert, und zwar lebenden Menschen.

4. Oktober 2001
Nach Robinsfield, der Grundschule in St John's Wood, wo ich manchmal vorlese. Ich lese etwas aus *Pu der Bär*, aber so richtig gut finden sie das Michael-Rosen-Gedicht »Don't« (mit der Zeile »Don't put mustard in the custard«, also »Rühr keinen Senf in die Vanillesoße«). Hinterher werde ich immer spontan befragt: Wo habe ich das Buch gekauft, aus dem ich vorlese? Was war das erste Buch, das ich gelesen habe? Welches war das erste Buch, das ich geschrieben habe? Es ist eine multikulturelle Schule, und die Kinder verschiedener Hautfarben gehen so freundlich und aufmerksam miteinander um und sind so liebenswürdig, dass selbst jemand mit extremen Anschauungen dieser ernsten Unschuld wohl kaum widerstehen könnte. Die Lehrer werden von vorgeschriebenen Kontrollen und Evaluierungen geplagt, gerade heute Morgen

ist wieder ein Inspektionstrupp in der Schule, die gleiche zeitfressende Bürokratie, die jede Einrichtung dieses Landes lähmt, von der National Gallery bis zu einer kleinen Grundschule in Nord-London. Als ich gehe, rennt ein Junge, vielleicht fünf oder sechs Jahre alt, hinter mir her und fragt, ob ich von einem Stück namens *Ein Sommernachtstraum* gehört habe und worum es darin geht.

29. Dezember 2001
»Niemand kann J. K. Rowling aufhalten« ist heute Morgen im *Independent* zu lesen.

»Niemand kann Marcel Proust aufhalten« gilt genauso, obwohl das damals in keiner Zeitung stand. Allerdings hat er auch nicht viel Geld verdient.

Denn was der *Independent* wirklich meint: »Niemand kann J. K. Rowling beim Geldscheffeln aufhalten.«

5. April 2002
Ich halte bei Sebald durch, aber seine Erfindungsgabe – vor allem was die Entvölkerung der Landschaft betrifft – ärgert mich immer wieder. »Es war bereits Spätnachmittag, sechs am frühen Abend, als ich die Außenbezirke von Lowestoft erreichte. Auf der langen Straße war nicht ein Lebewesen zu sehen.« In Southwold waren »alle, die einen Abendspaziergang gemacht hatten, verschwunden. Ich fühlte mich wie in einem verlassenen Theater.« Vielleicht ist das so in East Anglia (oder jedenfalls eher als in West Yorkshire), aber Sebald scheint sowohl die Landschaft als auch das Wetter so zu inszenieren, wie es zu seinem (selten ausgeglichenen) Gemütszustand passt. Dieser Vorwurf wird auch oft Kafka gemacht, aber Kafka nahm die Welt so, wie er sie vorfand, und schminkte sie sich nicht zurecht, bis sie ihm gefiel.

»Diese Höhen von Erkenntnis und Schönheit finden sich normalerweise nur bei Proust und seinesgleichen« ist ein anderer Vergleich, ebenso unangebracht, denn niemand wurzelt so sehr in allem, was der Fall ist, wie Proust. Wenn man Sebalds Technik erst mal verstanden hat, wirkt sie fast komisch: »Bei meinen vielen Besuchen ... habe ich niemals jemanden angetroffen.« Tatsache ist, dass bei Sebald niemals jemand anzutreffen ist. Das mag poetisch sein, aber mir kommt es wie eine Abkürzung in Richtung Bedeutsamkeit vor.

22. November 2002, New York
Ich lese *Wie Ludwig Wittgenstein Karl Popper mit dem Feuerhaken drohte*, eine Darstellung der Ereignisse, die 1946 in Cambridge zum Schlagabtausch zwischen Wittgenstein und Karl Popper bei einer Zusammenkunft des *Moral Sciences Club* führten. Das ist faszinierend, aber wie bei allen philosophischen Berichten begreife ich nie so ganz, worum es geht – bei Popper geht es ums Allgemeine, bei Wittgenstein ums Besondere, so lautet mein Reim darauf. Beide waren auf sehr geschlechtsspezifische Art Rüpel: Ich kann mir beim besten Willen nicht vorstellen, dass zwei Frauen derart aufeinander losgehen oder so unbeirrbar (und starrsinnig) sein könnten. Ich wusste auch nicht, dass Wittgenstein offenbar ein zweifelhaftes Verhältnis zu seinem Vermögen (oder Ex-Vermögen) hatte, oder von den Verhandlungen auf höchster Ebene, bei denen ein Großteil dieses Vermögens für das Leben seiner Schwestern eingesetzt wurde, die den Krieg in Wien überlebten. Während beide Philosophen in ihrem jeweiligen Kreis dozieren und jeden Widerspruch rücksichtslos unterbuttern, wünsche ich mir einen kühnen Studenten, der aufsteht und sagt, dass diese Art, Philosophie zu lehren, ihren

Gegenstand untergräbt und die verletzten Gefühle und menschlichen Herabsetzungen nicht wert ist, die der Streit zwischen Wittgenstein und Popper offenbar mit sich brachte.

Es ist gleichwohl ermutigend zu lesen, dass Wittgensteins reifere (wenn auch kodierte) Gedanken über das Verliebtsein sich kaum von meinen mit sechzehn unterscheiden. Eine seiner letzten unerwiderten Leidenschaften galt Ben Richards, einem Medizinstudenten, der auf einem im Buch abgedruckten Bild verblüffend Ted Hughes ähnelt – welcher wiederum beinahe Wittgensteins Zeitgenosse in Cambridge war. Wittgenstein starb 1951: Hätte er noch ein oder zwei Jahre länger gelebt, wäre es womöglich zu einer interessanten Verbindung mit Hughes gekommen. Ich halte es allerdings für einen Anachronismus, wenn die beiden Autoren sich vorstellen, dass Wittgenstein bei Woolworth Tomaten-Sandwiches kauft. Falls der Woolworth in Cambridge damals einen Café-Imbiss hatte, hätte er dort sicher Sandwiches kaufen und essen können, aber ich glaube kaum, dass man 1946 bei Woolworth Sandwiches zum Mitnehmen bekam. (Bitte um diesbezügliche Rückmeldungen.)

12. Januar 2003
Habe *Macbeth* zum vielleicht zweiten Mal im Leben gelesen (und glaube, gesehen habe ich es nie). Die Sprache ist in großen Teilen so unverständlich wie meistens bei Shakespeare, aber es verblüfft mich doch, wie schnell er zur Sache kommt, sodass das Stück nach nur einer Szene in voller Fahrt ist. Auch Lady M. fackelt nicht lange: Kaum hat sie erfahren, dass Duncan zu Besuch kommt, schon entschließt sie sich zum Mord. Eigenartig ist Macduffs Preisgabe von Frau und Familie, ganz offensichtlich, um seine eigene Haut zu retten, obwohl die Szene, in

denen seine Frau das mit Ross diskutiert, von kaum zu ertragender Spannung ist, denn das Publikum weiß bereits, dass sie ermordet werden wird.

14. September 2003
Habe *Halbe Portion: Wie ich lernte, die englische Küche zu lieben* zu Ende gelesen, Nigel Slaters Erinnerungen an seine Kindheit. Es ist ein so unterhaltsames Buch, dass ich bedaure, es so schnell gelesen zu haben, richtig durchgehechelt zu sein – das ist die angemessene Metapher. Mal vom Essen abgesehen ist das Buch auch ziemlich sexy, denn der junge Nigel bekommt ständig Schwänze in verschiedener Form und Größe vorgeführt. Da ist zum Beispiel der Schwanz des netten jungen Gärtners, die Schwänze der Jungs in seiner Klasse und der des jungen Mannes, den er zufällig beim Wichsen im Wald ertappt.

Zunächst verbringt der junge Slater viele Abende auf einem Parkplatz und beobachtet Paare, die es miteinander treiben. Sein Leben nimmt schließlich Fahrt auf, als er mit einer Freundin vögelt, während sein bester Freund vom Nachbarbett aus zuschaut. Das nenne ich mal eine idyllische Kindheit. Der Rest ist Geschichte. Oder Gerichte.

20. September 2004
Sitze vor der Eingangstür und nehme meinen Mittagsimbiss ein (Salatblätter, Rote Bete, Tomaten und dunkles Brot mit Olivenpaste), als Jonathan Miller auf dem Weg zur Probe am Royal Opera House in Covent Garden vorbeikommt. Er fragt mich, was ich lese. Ich lese gerade etwas zum wiederholten Male und sage ihm, er würde jede Zeile davon hassen, bevor ich ihm *Through Wood and Dale* zeige, einen Band von James Lees-Milnes Tagebüchern. Ich frage ihn, was er gerade liest, und er zeigt mir

Christopher Brownings *Die Entfesselung der »Endlösung«*. Beide Bücher sind unpassend, und ich sage ihm, wir hätten wohl beide mehr davon, wenn ich sein Buch und er meines lesen würde. Mein Buch ist behaglich und tröstlich, ich kenne jedes Wort darin; er kennt sein Buch ebenso gut, und wenn es auch kaum behaglich ist, so ist es doch tröstlich. Wir beide lesen am liebsten, was wir schon kennen.

20. Oktober 2004
Außer bei Trauerfeiern treffe ich eher selten andere Schriftsteller; der Beruf des Schriftstellers ist kein besonders geselliger. Dadurch hat er allerdings ein wenig von dem Glanz behalten, mit dem ich ihn als junger Mann versehen habe.

Mein erstes Zimmer in einem College in Oxford lag am selben Treppenaufgang wie dem eines gewissen Professor Dawkins. Er war alt und gehbehindert, doch als junger Mann hatte er Frederick Rolfe gekannt, berühmt unter dem Pseudonym Baron Corvo, und war von ihm ausgenutzt worden. Rolfe hatte unter anderem das Buch *Hadrian VII* geschrieben, das ich 1955 gerade gelesen hatte. Auch damals wusste ich schon, dass es unangemessen (heute hieße es wohl »uncool«) wäre, dies Professor Dawkins gegenüber zu erwähnen, wenn ich ihn bei seinem mühsamen Treppenaufstieg überholte, aber ich betrachtete ihn mit Hochachtung.

Nevill Coghill war ein Fellow des Exeter College, und einmal hatte er einen Gast beim Abendessen, bei dem ich zufällig am unteren Ende des Stipendiatentisches saß und damit recht nahe beim »High Table« der Professoren. Ich hörte jedes Wort einer (ziemlich einseitigen) Unterhaltung, die der Gast, ein Mann mit schriller, schnatternder Stimme, mit Nevill führte. Es war Auden, mit noch recht glatten Gesichtszügen, allerdings schon in Pantoffeln, der in Oxford war, um seine Antrittsvorlesung als Professor für Dichtung zu halten.

Heutzutage erscheinen solche literarischen Verbindungen alltäglich, aber damals war ich noch jung genug, um zu glauben, dass Autoren nicht dieselbe Welt bewohnen wie Normalsterbliche, geschweige denn Jungen von staatlichen Schulen aus Leeds, und so fand ich Oxford in dieser Hinsicht ungeheuer glamourös. Etwa um diese Zeit kam ich auch mit einem älteren Absolventen des Exeter College ins Gespräch, dem Amerikaner Joel Sayre, der noch Scott und Zelda Fitzgerald gekannt hatte – zeitlich war das natürlich leicht möglich, denn Fitzgerald war erst etwa fünfzehn Jahre zuvor gestorben. Aber es lagen eben nicht bloß ein paar Jahre, sondern Welten dazwischen, und ich konnte nicht fassen, dass Überschneidungen zwischen der Welt des Autors von *Der große Gatsby* und meiner denkbar waren. Und obwohl ich inzwischen erfahrener bin, ist zum Glück ein wenig von diesem Staunen übriggeblieben, eine anhaltende Freude im Leben: Auch mit siebzig fühle ich mich zuweilen noch wie ein kleiner Junge, der Riesen begegnet.

Denton Welch

Denton Welch verbrachte viel Freizeit beim Picknick im Freien, schrieb darüber in seinem Tagebuch und schaute sich Kirchen auf dem Lande und verwilderte Parks einstiger Herrenhäuser an. *Ein Rad in der Hecke* könnte ein guter Untertitel für seine Biografie sein. Er schloss das Rad nie ab, denn Kent war in den 1940ern ein Landstrich, der zwar die Luftschlacht um England erlebt hatte, davon abgesehen aber immer noch in ländlicher Stille und Abgeschiedenheit verharrte.

»*7. Juni 1943, Montag.* Ich habe meinen Lunch auf einer nahen Wiese genommen (Knäckebrot, Käse, Aprikosenmarmelade, Schokoriegel mit pürierten Trockenfrüchten, Kaffee), auf dem rötlichen Luftkissen gesessen, das May mir geschenkt hat, und zum vierten oder fünften Mal einen Abriss des Lebens der Brontë-Schwestern gelesen.«

Sein erstes Buch war gerade erschienen, und er identifizierte sich mit Charlotte und dem in Aussicht stehenden Ruhm. Davor hatte er, typisch für ihn, einen flegelhaften Jungen beim Kirschenpflücken beobachtet, einen anderen beim Wiesemähen.

»Dies geschieht 1943, im Jahr des größten Krieges, alle Kriege zu beenden, wenn ich das Zitat richtig erinnere. Jetzt werde ich diese kühle Kirche und das mittelalterliche Fresko verlassen und mich wieder auf mein Rad schwingen.

Vielleicht wird das jemand in künftigen Jahren lesen, und dann werden die Menschen wissen, was ich an diesem Junitag gemacht habe.«

Was er acht Jahre zuvor am gleichen Tag im Juni gemacht hatte, war auf jeden Fall unvergesslich. Da lag sein Rad nicht in einer Hecke, sondern zermalmt auf einer Straße in Surrey, wo er als junger Kunststudent von einem Wagen angefahren worden war; die Verletzungen verdammten ihn zu einem Leben als Invalide und führten schließlich 1948 zu seinem Tod im Alter von 33 Jahren.

Er war schwierig, zielstrebig bis zur Selbstsucht, nicht einfach im Zusammenleben und wütend wegen des Schicksals, das sein Leben ruiniert hatte. Natürlich ist man versucht zu sagen, bei anderem Verlauf wäre er kein Schriftsteller geworden, aber das glaube ich nicht. Wie James Methuen-Campbell in seinem Buch deutlich macht, hatte er schon als Kind einen besonderen Blick auf die Welt, und auch wenn der Unfall seine Energien gebündelt haben mag, ist er nicht für sein Einfühlungsvermögen verantwortlich. Ein Kind, das im Alter von sieben mit langsamer, ernster und gedankenvoller Stimme erklärte: »Mutter, selbst ein Floh würde die Menge an Limonade, die ich bekommen habe, verachten«, hätte nie im Leben gewöhnlich werden können, und die Erfahrungen mit seiner Familie in China trugen ihren Teil dazu bei. Nachdem er in den Ferien Streifzüge durch die Ramschläden von Shanghai unternommen und auf einem einsamen Spaziergang einen abgetrennten Kopf im Unterholz entdeckt hatte, überrascht es kaum, dass er sich in Repton nicht einfügen konnte.

Als Denton Welch anfing zu schreiben, dauerte es nicht lange, bis solche Ereignisse den Weg in seine Geschichten und Romane fanden, die durch und durch autobiografisch sind. Der Unfall machte alles noch dringlicher, und obwohl er immer wieder klagte, wie wenig Raum zum Schaffen ihm seine Lebensumstände ließen, hatte er bis zu seinem Tod ein beachtliches Œuvre geschaffen und eine unverwechselbare Stimme entwickelt.

Ich las das erste Mal über ihn, als vier Jahre nach seinem Tod seine Tagebücher veröffentlicht wurden; die Romane kannte ich anfangs nicht. Damals konnte ich mir nur wenige Bücher leisten, und erst recht keine gebundenen, also schrieb ich meinen Namen in den Tagebuchband, was ich heute kaum noch tue; ich habe auch das Datum notiert, in meiner noch kindlichen Handschrift steht da »Dezember 1952«. Ein paar Monate früher war ich eingezogen worden. Im Gegensatz zu allen Menschen, denen ich bisher begegnet war, schien hier eine verständnisvolle Stimme zu sprechen, und zwar – typisch für Bücher, die man als junger Mensch liest – unmittelbar zu mir. Ich nahm das Buch also mit zur Armee, wohl als Sinnbild eines anderen Lebens, das ich damals vielleicht »zivilisiert« genannt hätte, obwohl es so ganz anders als das Leben war, das ich kannte.

Zum Soldatenleben gehörten regelmäßige Ausrüstungskontrollen, bei denen man seinen ganzen Armeebesitz – Stiefel, bester Kampfanzug, Kochgeschirr und so weiter – auf dem präzise gemachten Bett ausbreiten musste. Aber nicht nur die Soldatensachen musste man auslegen, auch den Spind musste man öffnen, das ganze Leben vor den Augen des prüfenden Offiziers preisgegeben, falls der ihn inspizieren wollte. Ich stellte mir vor, wie die Tagebücher mit herablassender Arroganz an einer peinlichen Stelle aufgeschlagen und mit sarkastischen Kommentaren zum Vergnügen der anderen Wehrpflichtigen vorgelesen werden würden.

Trotzdem war sein Werk nicht ganz unpassend für die Kaserne, vor allem während der Kriegsjahre, als Lesen (und Schreiben) fast zu einer Glaubensfrage wurde. Soldaten, die auf ihren Stubenbetten lasen, bekundeten damit ihre Überzeugung, dass es noch eine andere Welt gab. Die frühen Taschenbücher passten hervorragend in die aufgesetzten Taschen des Kampfanzugs, wie auch die Literaturzeitschriften *Horizon* oder *Penguin New Writing*, und James Methuen-Campbells Bericht von Welchs Leben lässt vermuten, dass sogar die *Vogue* ein Licht im Dunkeln war. Und obwohl Welch stolz darauf war, den Krieg zu ignorieren, waren die Kriegsjahre und die folgende Rationierungsperiode doch die beste Zeit seines Lebens.

In dieser Hinsicht war es auch ein Segen, dass die Verletzung ihn von der Metropole fernhielt. Wie viel weniger originell wäre sein Leben gewesen, jedenfalls auf dem Papier, wenn er in Soho oder Fitzrovia gelandet wäre, denn die Ereignisse dort sind, besonders zu dieser Zeit, ausgiebig dokumentiert und mehr als erschöpfend beschrieben worden.

Im Vergleich dazu schien Kent, wo er den größten Teil seines Lebens als Invalide verbrachte, langweilig zu sein, doch es hatte seine Vorzüge. Die Szenerie von Samuel Palmers »Tal der Visionen«, vom Krieg gezeichnet, war so eine atmosphärische Landschaft, wie sie Piper und Ravilious andernorts festgehalten hatten. Aber der Krieg interessierte Welch wie gesagt nicht, jedenfalls nicht in malerischer Hinsicht, und er drängt sich nie auf seine Leinwände; keine Nissenhütten oder surrealistische Sperrballone, nicht einmal Bombenschäden, seine Gemälde blieben entschieden persönlich und obskur (und sind nicht immer sehr gut).

Seine Tagebücher sind dagegen etwas anderes. Weniger bedeutende Schriftsteller verleihen ihrer

Zeit häufig einen etwas kräftigeren Anstrich als jene, die über eine breitere Palette verfügen und profundere Themen behandeln. In den Tagebüchern begegnet einem der Krieg an jeder Ecke, doch verwandelt in eine ländliche Idylle von badenden Soldaten, Gefangenen im Ernteeinsatz und Flugzeugen vor dem mondhellen Himmel, begleitet von fernen Gesängen aus dem Pub. Und wenn betrunkene Soldaten ihre Freundinnen auf der Lenkstange nach Hause radeln, lesen sich Welchs Tagebücher manchmal wie das Drehbuch für eine Dokumentation von Humphrey Jennings oder Ideen für einen Film von Michael Powell.

In einem Brief vom Oktober 1943 an Barbara Cooper, die Sekretärin von John Lehmann, zählt er als Hobbys »altes Glas, Porzellan, Möbel, kleine Bilder und einsame Picknicks« auf, und obwohl Ryvita-Knäckebrot mich nie sonderlich begeistern konnte, bekommt selbst deren körnig-gewellte Pappe, liebevoll als Bestandteil seiner Kriegs-Picknicks beschrieben, ein wenig Glanz. Antiquitätenläden abzuradeln (alles kostete absurd wenig), Kirchen und verfallene Pavillons zu erkunden – das erschien mir 1952 das ideale Leben. Und auch ein kluges. Für einen Jungen, der in der Provinz aufgewachsen war, hatte dieser kränkliche Ex-Kunststudent fast mühelos Zugang zu einem faszinierenden Kreis gefunden, bekam Briefe von E. M. Forster, nahm Lunch mit Edith Sitwell und Tee in Sissinghurst mit Harold und Vita. Virginia Woolf war sicher nur durch ihren Selbstmord gehindert, ebenfalls hier aufzutauchen.

Was ich damals nicht erkannte, war der Mut, den Welch gehabt haben muss und auch brauchte. Mit achtzehn hielt ich »Empfindsamkeit« für die erste Voraussetzung, Schriftsteller zu werden – von Disziplin und Ausdauer keine Rede –, während er sich keine Trägheit erlaubte. Seine Wirbelsäulenverletzung hielt ihn genauso wenig vom Radfahren ab wie Krankheit und hohes Fieber vom Schreiben. Dieser nüchterne Umgang mit seiner Behinderung als auch mit der Arbeit ließen ihn manchmal unwirsch gegenüber den wenigen Fans werden, die ihn gelegentlich aufsuchten und einen welken Ästheten erwarteten.

Aus demselben Grund wäre ihm sicher unwohl geworden, wenn er gesehen hätte, auf wie vielen sensiblen Bücherregalen er in den späten Vierzigern und Fünfzigern auftauchte; damals sagten Bücher wohl noch mehr über ihre Besitzer aus als heute. Seine Werke fanden sich neben Schriften verbotener Liebe, wie etwa Housmans Gedichte, die Romane von Forrest Reid und Mary Renault und (als Chronik einer unglücklichen Liebe) *Das ruhelose Grab* von Cyril Connolly; verschlüsselte Texte, die Dinge offener sagten, als ihre Besitzer manchmal wollten oder ahnten.

Natürlich stand vieles von dem, was Welch schrieb, bebend auf der Schwelle zum Sex, und daraus bezog es einen Großteil seiner Energie; im Tagebuch allerdings wird nie ganz klar, ob tatsächlich etwas »lief«. Ich nahm 1952 an, dass er notgedrungen diskret war, aber – das stellt James Methuen-Campbell klar – Denton Welch trug häufig einen Katheter, seine körperlichen Gebrechen quälten ihn, und so war er viel mehr Zuschauer und Nichtteilnehmer. Mit meinen achtzehn war ich selber ein Zuschauer und Nichtteilnehmer, deshalb klang mir das wohlvertraut.

Die Offenheit, mit der er die intensive Beziehung zu seinem Gefährten Eric Oliver beschrieb, intensiv jedenfalls von seiner Seite aus, beruhigte mich ... mit einseitigen Beziehungen kannte ich mich aus. Und er war eindeutig nicht schüchtern.

Mit nackten Jungen auf Heufeldern zu sitzen und zu plaudern kam mir jedenfalls kaum schüchtern vor, obwohl die Mixtur aus seiner Klugheit und ihrer offenkundigen Naivität typisch für die Zeit war und nicht von Dauer sein sollte. Mit den Sechzigern verschwanden nicht nur die Nissenhütten, sondern auch die Unschuld.

Oder vielleicht nicht völlig. In den frühen Sechzigern war ich zwei Jahre in Amerika, und während dieser Zeit lasen meine Eltern die Bücher, die ich zu Hause gelassen hatte. Ich war zunächst etwas besorgt, doch letztlich hieß das nur, dass mein Vater ein früher und eher ungewöhnlicher Fan von Nancy Mitford wurde und meine Mutter zunächst nach den Tagebüchern von Denton Welch griff. Sie nahm besonders seine Besuche in Trödel- und Kramläden wahr, denn diese Vorliebe teilte sie. Mein Vater hatte in seiner Jugend ein bisschen geschreinert und Spielzeug hergestellt, und als sie ihm das Buch zu lesen gab, gefiel ihm besonders die Reinigung und Restaurierung des Puppenhauses. Die sexuellen Untertöne, um die ich mir Sorgen gemacht hatte, schienen ihnen völlig zu entgehen.

Da er kaum das mittlere Alter erreichte, ist es schwer, sich vorzustellen, dass Denton Welch jetzt Mitte achtzig wäre. Für mich wird er immer der zarte junge Mann mit lockigem Haar und hoher Stirn sein, der an einem Schachtisch mit Kerzenleuchtern sitzt, wie auf dem Frontispiz der Tagebücher, die ich 1952 gekauft habe.

Die Gegenstände seines Schreibens waren von einer Fülle und Farbe, die ihn mit ganz unterschiedlichen Schriftstellern wie Dylan Thomas, Edith Sitwell und Christopher Fry verbanden, die alle aus der Eintönigkeit ihrer Zeit herausstachen. Der einzige aktive Kampf, den er führte, war gegen die Vorherrschaft des Beige; wie passend, dass im

Juni 1945 ein Bild von ihm in der Siegesausgabe der *Vogue* abgedruckt wurde, »die Darstellung eines Zimmers in seinem Häuschen in Kent, wo Farbe eine wichtige Rolle spielt«. Er sagt: »Glauben Sie nicht, dass es schwierig ist, mit leuchtenden Farben zu leben. Es ist immer anregend und erfrischend; dieses Zimmer in neutralen, farblosen Tönen umzugestalten wäre ermüdend, düster und deprimierend.«

Diese Gefahr bestand bei ihm weder im Leben noch in seiner Kunst; er ging in voller Farbenpracht von uns, und die ist auch nach fünfzig Jahren noch nicht verblasst.

Statt eines Geschenks

Mein erster Gedanke war, dass dieses ganze Unternehmen definitiv unpassend ist. Eine Geburtstagsfeier für Philip Larkin ist so, als würde man Simone Weil zu einem romantischen Dinner bei Kerzenschein in ein Restaurant ihrer Wahl einladen. Oder Proust Blumen schicken. Nein. Ein solcher Band ist nichts weiter als ein kräftiger Stoß in Richtung Grab; und auf diesem Weg muss man weiß Gott niemanden anschieben.

Und warum überhaupt gerade jetzt? Offenbar ist er sechzig, aber wann war er je was anderes? Er hat es sich zur Gewohnheit gemacht, sechzig zu sein; im Grunde zu seinem Beruf. Wie Lady Dumbleton ist er seit fünfundzwanzig Jahren sechzig. Er selbst räumt ein, dass es nie einen Larkin-Jungen gab; keinen Burschen namens Philip, geschweige denn einen Phil, niemals. Und dafür liefere ich jetzt keine Belegstellen: Davon wird es anderswo genug geben.

Außerdem – wieso ein *Buch*? Er muss doch wahrlich die Nase voll haben von Büchern. Jeden Tag seines Lebens sieht er nichts als Bücher, Bücher, Bücher, und jetzt kommt noch eins von den Dingern. Warum nicht eher so etwas wie eine schöne Keksdose? Denn darauf läuft diese Kollektion doch hinaus, das literarische Äquivalent eines elektrischen Toasters (oder vielleicht eines Teekochers), vom Abteilungsleiter in einer peinlichen Zeremonie in der Kantine überreicht, und zwar während der Arbeitszeit. Jede Art von Uhr wäre allerdings ein Fehlgriff gewesen. Besser auf Nummer sicher gehen und ein Salatbesteck wählen, oder sogar einen

Fischheber. Ich hatte eine Tante, die einen Schuhladen leitete und mir jedes Jahr zum Geburtstag Schuhspanner schenkte. Die kamen immer gelegen.

Aus diesen und anderen Gründen fühle ich mich unwohl bei diesem trübseligen Budenzauber. Und dazu kommt noch die heikle Namensfrage. Da ich Mr Larkin nicht persönlich kenne, wie rede ich ihn an? Ich komme mir vor wie der Student beim Universitätsball, der plötzlich mit der Kanzlerin des Colleges tanzen musste, was zufällig Prinzessin Margaret war. Während er schreckensstarr die Schritte des Cha-Cha-Cha probierte, stammelte er: »Ich weiß nicht recht, wie ich Sie anreden soll.« Der scharfe Windsor-Blick ließ das Stroboskoplicht verblassen: »Warum versuchen Sie es nicht mit Prinzessin Margaret?« Ein freudloses Lächeln aus Hull könnte genauso verstörend wirken. *Philip* ist er ganz sicher nicht, allerdings klingt *Larkin* auch zu plump vertraulich und suggeriert eine gewisse Ebenbürtigkeit. Sein Beruf ist auch nicht hilfreich: Bibliothekare habe ich immer für nahe Verwandte der lebenden Toten gehalten.

Natürlich wendet sich dieses Buch nicht an den Bibliothekar. Das Einzige, was Bibliothekare mit sechzig kriegen, sind Hämorrhoiden. Wenn sie Glück haben. Nein, wir sprechen den wahren Larkin an, der sich ausgeschlossen fühlt, wenn er Fünfzehnjährige an Bushaltestellen knutschen sieht. Aber auch das ist riskant: Schriftsteller ärgern sich über die persönlichen Informationen, die sie ihren Lesern freiwillig geliefert haben, und man kann sie nie mit diesem Wissen konfrontieren, ohne ein wenig wie die Dame mit Hut zu wirken.

Ob nun als Larkin, Philip Larkin oder schlicht als Philip, sein Name wird sicher auf jeder Seite dieses Buches auftauchen. Namen treffen einen eher, als dass sie streicheln, und ich stelle mir vor, wie er beim Lesen zusammenzuckt, unter den wiederholten Hieben seines eigenen Namens taumelt, kein gepriesener, sondern ein geprügelter Larkin. Ich wäre auch von ihm enttäuscht, wenn er selbst nicht zweifelnd auf dieses Vorhaben schaute, im Sinne von Balfours Bemerkung: »Ich bin mehr oder weniger zufrieden, wenn ich gelobt werde, mir ist nicht sonderlich unwohl, wenn ich beleidigt werde, aber ich verspüre eine gewisse Beklommenheit, wenn ich erklärt werde.«

Darum spreche ich meinen Dank nur mit großer Vorsicht aus. Wofür? Oft genug nur, weil seine Gedichte zufällig mit meinem eigenen Leben zusammenpassen. Und ja, ich weiß schon, genau das soll man auch fühlen, so funktioniert Kunst. Aber nicht die Kunst hat mich eines Novembermorgens im Jahr 1952 für die jährlichen zwei Gedenkminuten auf dem Exerzierplatz von Coulsdon stehen lassen, als der Passagierjet »Comet« aus dem Bodennebel aufstieg, genau wie in »*Naturally the Foundation Will Bear Your Expenses*«. Oder mich samstags in Leeds in einen langsamen Zug mit vielen Halten Richtung Süden gesetzt, dessen einzige freie Plätze für ein frisch vermähltes Paar reserviert waren, das in Doncaster einstieg – »*The Whitsun Weddings*«. Eines der ersten Gedichte, die ich von Larkin las, war »*I Remember, I Remember*«, und auch da überkam mich dieses Gefühl des Zusammentreffens, sogar im örtlichen Sinne, das mich weiterlesen ließ. Es ist nicht mein Lieblingsgedicht von Larkin, aber in diesem erkannte ich, dass ein Mensch, der seine Kindheit an anderer Stelle als »eine vergessene Langeweile« bezeichnet, zu mir sprechen könnte.

Ich hatte immer das unbestimmte Gefühl, dass meine Kindheit nicht viel hermachte, selbst damals schon; und als ich mich im üblichen Alter mit dem Gedanken trug, »Schriftsteller« zu werden (ich sage nicht »zu schreiben«), schien mir der Mangel dieser augenscheinlich wichtigen Periode entscheidend. In allen Büchern, die ich gelesen hatte, waren Kindheiten entweder idyllisch oder von Benachteiligung geprägt. Meine war weder noch. Was Erinnerungen anging, war ich ein Blindgänger. Ich hatte nicht stundenlang in der Astgabel eines großen Baumes gesessen und *Alice im Wunderland* oder Edgar Rice Burroughs verschlungen. Ich las (und auch das nur gelegentlich – *verschlungen* habe ich nie irgendwas) Comic-Hefte und Abenteuerzeitschriften wie *Hotspur, Wizard, The Champion* und *Knockout*, nicht unbedingt Herzstücke der Kunst. Sicher, auch ich bin lange Zeit früh schlafen gegangen, aber das taten damals die meisten Kinder, und das hatte keinen Einfluss auf den Prozentsatz derer, die Proust wurden. Ich suchte meine Kindheit nach Exzentrikern ab und fand keine. Ich hatte eine Tante, die in einem Stummfilmkino Klavier spielte – ihre Noten liegen heute noch unterm Sitz des Klavierhockers (klack, wieder zugeklappt) –, aber sie war nicht seltsam, abgesehen von ihrem ausladenden, ältlichen Busen; und an solchen herrschte ebenfalls kein Mangel.

Auch meine Schule war langweilig. Sie war nicht alt. Sie war nicht neu. Es gab nicht mal einen freundlich geneigten Direktor, der mir Bücher in die Hand drückte. Einer hat es, glaube ich, versucht, aber da war ich schon sechzehn, ein bisschen spät. Ein anderer Junge hatte mir Stephen Spenders *Welt zwischen Welten* gezeigt, oder jedenfalls die Stellen, die sich mit Homosexualität beschäftigten, denn im Jahr 1951 galten Hinweise darauf (auch wenn sie nach heutigem Standard sehr verschleiert sind) als äußerst gewagt. Spender war von seinem Musiklehrer Mr Greatorex angesprochen worden, der dem jungen Stephen verriet, dass, auch wenn er jetzt unglücklich sei, eine Zeit kommen werde, da er allmählich glücklich werden würde, und dann glücklicher als die meisten Menschen. Das war mir ein großer Trost, bloß war ich gar nicht sonderlich unglücklich (das war ja das Problem); aber allein der Gedanke, dass ich die Creatorex-Therapie kriegen könnte, dass ein Lehrer meiner langweiligen Ganztagsschule unter meinem linkischen Äußeren das trostlose und leidende Wesen entdecken würde, weckte in mir eine überdrehte Begeisterung, ich wollte so sehr »ent-deckt«, werden, dass der fragliche Lehrer (der bloß vorgeschlagen hatte, ich könne gelegentlich seine Ausgabe des *New Statesman* lesen) sich sofort in sein Schneckenhaus zurückzog. Ein weiterer Beweis, dass Literatur und Leben (jedenfalls mein Leben) zwei ganz verschiedene Dinge waren. Zumindest im Augenblick. In Oxford würde alles anders werden.

Also ging ich brav nach Oxford, oder fuhr vielmehr, mit Umstieg in Sheffield, wo ich den Mann mit Halbglatze, der am Ende des Bahnsteigs eine Pastete aß, wahrscheinlich für einen Gepäckträger hielt. Dass ich immer noch keine Vergangenheit erworben hatte, ging mir in der Sekunde auf, als ich das Wohnheim meines Colleges betrat. Im Foyer stapelten sich turmhoch die Schrankkoffer: vollgeklebt mit uralten Etiketten, abgestiegen in Grand Hotels und Erster Klasse auf Ozeandampfern gereist, zur Kennzeichnung mit vier, nein sogar *fünf* Initialen (noch etwas, was ich an Larkin sympathisch finde: dass sein Name nur aus dem Wesentlichsten besteht). Das waren die Überseekoffer von Vätern, die nun den Söhnen gehörten, Koffer von Generationen. Aus diesen Schrankkoffern sprach Geschichte. Ich besaß zwei blamable Koffer von Antler, die ich mit meiner Mutter im Kaufhaus Schofields in Leeds gekauft hatte; ein qualvolles Unterfangen, denn meine Mutter erklärte dabei der Verkäuferin – sie hielt alle Verkäuferinnen für vornehm –, ich solle damit nach Oxford reisen, wofür ich ein Stipendium bekommen hätte, und seien diese dafür wohl die richtigen? Waren sie nicht. Ein Schritt über die Schwelle des Studentenheims, und ich wusste Bescheid, rannte sofort in mein Zimmer, um sie unter meinem kalten Bett zu verstecken. Am Ende des ersten Semesters hatte ich zwar nicht viel Bildung erworben, aber einen anständigen gebrauchten Schrankkoffer.

Und der Koffer war nicht das Einzige. Klasse, Herkunft, Kultur, Akzent – all das musste ebenfalls Secondhand erworben werden. Hätte ich »*I Remember, I Remember*« schon 1955 gelesen, als *The Less Deceived* herauskam, hätte ich mir die Mühe womöglich sparen können. Auch wenn ich das bezweifle. Gedichte sagen einem, was man schon weiß, und das musste ich erst noch lernen. Außerdem las ich damals keine Lyrik. Ich las zwar Auden, aber um die Wahrheit zu sagen: Außer bei den ganz kurzen Gedichten tappte ich bereits nach den ersten zehn bis zwölf Versen vollkommen im Dunkeln. Das Schöne bei Larkin ist, dass er einen immer noch fest an der Hand hält, wenn man die Ziellinie überquert, während die Auden-Lektüre eher so ist wie ein Fallschirmsprung: Eine Weile ist die Aussicht wunderbar, aber dann liegt man mitten auf einem gepflügten Acker auf dem Rücken, noch dazu im falschen Land. 1956 hörte ich als Student in Oxford Audens Antrittsvorlesung als Professor für Dichtung. Das machte allen in meinem Kopf herumgeisternden Gedanken an LITERATUR ein Ende (eines meiner Probleme war, dass ich LITERATUR und LEBEN damals immer in Großbuchstaben dachte). Das waren die »blendenden Theologien von Blüten und Früchten«, ein Satz Mythen, mit Monogrammen bestickt, Erinnerungen aus einer prallen Kindheit, und zwar nicht in Koffer von Antler eingepackt. Obsessionen, Landschaften, Lieblingsbücher, sogar (mein Mut schwand) die isländischen Sagas. Wenn eine derartige Ausrüstung zum Schreiben nötig war, dann konnte ich es gleich vergessen.

Überblendung ins Jahr 1966. Leben, Liebe und Literatur wurden längst klein geschrieben, ich war in die Unterhaltungsbranche gerutscht. Ich suchte Ideen, um eine Comedy-Sendung aufzuhübschen. Damals war es praktisch Vorschrift bei der BBC, dass die Sketche einer Comedy-Show durch Gesangsdarbietungen verbunden wurden. Ich wollte etwas Stilvolleres. Mein Produzent Patrick Garland schlug vor, Gedichte zu verfilmen, gab mir den Band *The Less Deceived*, und ich las »*I Remember, I Remember*«. Inzwischen hatte ich wohl begriffen, dass man keine Zeugnisse und Referenzen zum Schreiben braucht, aber ich bin ganz bestimmt der Einzige unter seinen Lesern, der ihn als Alternative zu Schlagermusik entdeckte.

Wenn es also Geschenke geben soll, dann wünsche ich ihm das Geräusch – halb Seufzen, halb Zustimmung –, das ich einmal in der Zion Chapel in Settle in Yorkshire hörte, nachdem ich »*MCMXIV*« gelesen hatte. Und noch ein Geräusch: Wenn ich Larkin vortrage, lasse ich darauf manchmal Stevie Smiths »*Not Waving But Drowning*« folgen, in dem sich die Verse finden: »*Poor chap, he's always loved larking / And now he's dead.* – *Armer Kerl, er war so gern vergnügt / Und jetzt ist er tot.*« Dieser arme Kerl hätte sicher auch Larkin geliebt, und weil sie es für einen Wortwitz halten – gar nicht mal unpassend –, *winseln* dann meist einige Zuhörer leise.

Außerdem wüsste er zu schätzen, was meine Mutter einmal gesagt hatte, nachdem mein Bruder nach Athen gereist war. Sie wurde gefragt, wohin er gefahren sei, aber sie konnte sich nicht erinnern. »Es fängt mit A an«, sagte sie. »Ah, ich weiß. Ins Ausland.« Ich bin im Ausland, schreibe dies an einem weiteren Ort, der mit A anfängt, in Amerika. Für New York würde er mir nicht danken. Wenngleich er sich hier kaum zu Hause fühlen würde, wäre er doch auch nicht fehl am Platz auf Straßen wie der Green und der Grand und der Great Jones Street, im Cast-Iron District von Soho, den ich vor meinem Fenster sehe. Ich würde ihm außerdem jedes Werk Edward Hoppers schenken, dessen Bilder oft wie Illustrationen zu Larkins Gedichten wirken, ganz besonders zu »*People in the Sun*« (1960).

Zum Schluss noch etwas, das ich in der U-Bahn an die Wand geschmiert las. Jemand hat »Bete für mich« an die Wand gekritzelt, und eine andere Hand hat daruntergeschrieben: »Klar«.

Oh weh! Getäuscht!

»Meine Mutter ist so eine alberne Schwätzerin«, schrieb Philip Larkin 1965, »dass ich oft an ihrer geistigen Gesundheit zweifle. Zwei Sachen, die sie heute zum Beispiel gesagt hat: Sie habe überlegt, ob sie bei Woolworth anfangen soll , und sie würde gern die Lotterie gewinnen, damit sie Cocktail-Partys geben kann .« Zu der Zeit war Eva Larkin neunundsiebzig, es war also eher unrealistisch von ihr, sich an der Süßwarentheke zu sehen, und auch ihre Chancen auf einen Lotteriegewinn waren minimal, da sie gar nicht spielte. Aber Mütter haben öfter seltsame Vorstellungen, was Cocktail-Partys angeht, meine jedenfalls auch, die in ihrem ganzen Leben keinen Cocktail getrunken hat und das Wort nicht mal richtig aussprechen konnte, denn sie betonte (vielleicht aus Prüderie) immer den *tail* und nicht den *cock*. Ich hatte immer angenommen, dieses Verlangen hätten Frauenzeitschriften oder das Fernsehen bei ihr geweckt, wie vielleicht auch bei Mrs Larkin, obschon diese »sich nie an den Fernseher gewöhnen konnte« – was angesichts der misstrauischen Haltung ihres Sohnes zu diesem Medium kaum verwundert.

Mrs Larkin ging 1971 ins Altenheim, ein paar Monate nachdem ihr Sohn sein berüchtigtstes Gedicht geschrieben hatte: »*They fuck you up, your mum and dad.*« Sie hat es nie gelesen (Larkin wollte sie nicht »mit Informationen über Bücher verwirren«), aber, alberne Schwätzerin hin oder her, sie hat mehr vom Leben und Denken ihres Sohnes mitbekommen als die meisten Mütter, zumindest in der Version, die er ihr in seinen regelmäßigen Briefen präsentierte, denn er schrieb ihr täglich, selbst als sie schon über achtzig war. Larkins Einstellung ihr gegenüber, abwechselnd schuldbewusst und grollend (»ein ewig brennender Zornbusch in meiner Brust«), wirkt nicht sonderlich ungewöhnlich, wohl aber sein Pflichtbewusstsein. Wie dem auch sei, Woolworth wäre sicher nicht ihr Fall gewesen. Die andere Frau in Larkins Leben mit ähnlichem Stehvermögen (und stehen musste sie tatsächlich die meiste Zeit), Monica Jones, bemerkte einmal, dass für die Larkins die geringste Anstrengung bereits als »heldenhafte Leistung« galt: »Wenn in Mrs Larkins Haushalt ein Mittagessen gekocht wurde, musste man sich danach erst einmal zur Erholung hinlegen.« Man bekommt das Gefühl, dass Monica bei Woolworth eher eine Art Abteilungsleiterin als Verkäuferin gewesen wäre. »Ich nehme an«, schreibt Larkin, »ich werde mit 60 frei sein (von Mutter), drei Jahre bevor der Krebs zuschlägt. Was für ein verfluchtes, schreckliches Scheißleben.« Seines natürlich, nicht ihres. Eva starb 1977 im Alter von 91 Jahren, wonach die Gedichte mehr oder weniger versiegten. Andrew Motion glaubt, das sei kein Zufall.

Larkin vermutete 63 als sein wahrscheinliches Ablebensdatum, weil sein Vater in dem Alter gestorben war, von seiner Mutter zu »der Art verschlossenem, reserviertem Mann gemacht, der an etwas Innerem verstarb«. Sydney Larkin war Stadtkämmerer von Coventry. Außerdem war er Teilnehmer mehrerer Reichsparteitage in Nürnberg und hatte eine Statue von Hitler auf dem Kaminsims, die Rechte zum deutschen Gruß erhoben. Auch im Amt machte Sydney keinen Hehl aus seinen Sympathien: »Ich sehe, Mr Larkin hat jetzt eines dieser Hakenkreuz-Dinger an der Wand hängen. Was wohl als Nächstes kommt?« Als Nächstes kam ein

Schnäppchen in Form zahlreicher Pappsärge, in die Sydney clever investierte und die sehr gelegen kamen, als Coventry bombardiert wurde; inzwischen waren die Nazi-Insignien von der Bürowand genommen worden (ein diskreter Hinweis vom Stadtsekretär). Doch er änderte seine Haltung nicht und tauschte das Hakenkreuz schon gar nicht gegen ein Foto von Churchill, der, wie er fand, »ein Gesicht wie ein Verbrecher auf der Anklagebank« habe.

Eine Kindheit, in deren Mittelpunkt eine derart groteske Gestalt stand, als »vergessene Langeweile« zu beschreiben, scheint undankbar von Larkin, aber nicht untypisch. Natürlich stammt der Ausdruck aus einem Gedicht (*»Coming«*) und nicht aus einem Interview, also erzählt Larkin hier eher die Wahrheit als die Fakten. Außerdem wäre es sicher schwergefallen, Sydney in einem typischen Larkin-Gedicht einzufangen, also seine besondere Persönlichkeit zu beschreiben und dann in einem allgemeinen Satz zu bündeln, wie Larkin es gern tat. Sylvia Plath versuchte etwas in der Art mit ihrem »Daddy«, wobei sie nur so tat, als sei ihr Vater ein Nazi, während Larkins Papa tatsächlich einer war. Doch jeder Mensch (also ich), dessen Kindheit mit weniger Originalen bevölkert war, muss es ärgerlich finden, dass Larkin so auf ihrer Eintönigkeit beharrt, wenn auch nur im Sinne von »Na, ich wäre froh, wenn ...«

Als Drehbuch kommt einem die Geschichte vom Stadtkämmerer und seiner Familie wie von J. B. Priestley geschrieben vor; im Film wäre Sydney (gespielt von Raymond Huntley) ein Haustyrann, der seinem liberalen und sensiblen Sohn das Leben zur Hölle macht und ihn so in die Arme der Kunst treibt. So war es allerdings kein bisschen. Zunächst einmal war der Sohn überhaupt kein Liberaler (sondern »stramm konservativ« sein Leben lang nach Aussage Monicas) und hatte selbst eine Schwäche für Hitler. Zudem war der Vater kein Tyrann; er führte seinen Sohn an das Werk Thomas Hardys heran und überraschenderweise auch an James Joyce, er betrachtete Jazz nicht als Musik des Teufels, schenkte Philip ein Abonnement der Jazz-Zeitschrift *Downbeat* (man beachte den Titel) und half ihm, ein Schlagzeug zu erwerben. Ob er auch seiner Tochter Kitty etwas kaufte, und wenn ja, was, und was Mrs Larkin von alldem hielt, ist nirgends festgehalten. Die Frauen standen im Hause Larkin immer an zweiter Stelle, was nach Motions Ansicht ein wichtiger Teil des Problems ist. Kitty, Larkins ältere Schwester (»der einzige Mensch auf der Welt, dem ich mich mit voller Überzeugung überlegen fühle«), kommt fast gar nicht vor. Sie neigte eher zum Widerspruch, stelle ich mir vor, bekam mehr von Mrs Larkins Launen ab als ihr Bruder und ließ sich vom Dichter genauso wenig blenden wie die meisten Frauen in seinem Leben.

Die Vorbehalte, die Larkin gegenüber seinen Eltern hegte (»verbringe die Tage in schwarzem, bebendem, brodelndem HASS!!!«), hatten sich mit dem Erwachsenwerden und Oxford, so Motion, in »kontrollierte, aber bittere Abneigung« verwandelt. Das hält Larkin nicht davon ab, seinem Vater Gedichte zu schicken (»Ich sehne mich / nach der Gabe deiner Kühnheit und Gleichgültigkeit«) und mit seiner Mutter Gedanken über alles Mögliche zu teilen (»diese besessene, herumschnüffelnde Landplage«); mit einem Wort, er behandelte sie eher als Menschen denn als Eltern. Alles ausgesprochen zivilisiert und doch irgendwie unheimlich, und Kingsley Amis hätte es angesichts ihrer mit Flüchen gespickten Korrespondenz womöglich überrascht, zu erfahren, dass Larkin, enttäuscht von einem Besuch bei ihm, sich sofort über ihn beschwert hatte

(»Er ist eine erbärmliche Type«) – ausgerechnet bei seiner *Mutter*.

Vom »furchterregenden und ehrgeizigen« Larkin senior hieß es, er habe keine Gelegenheit ausgelassen, den Arm um eine Sekretärin zu legen, und auch wenn Larkin junior etwas länger dazu brauchte (in einem Fall über zwanzig Jahre), so ist dies doch eine der Ähnlichkeiten mit seinem Vater, die er in späteren Jahren entwickelte, wobei dieser inzwischen weniger wie Raymond Huntley und eher wie Francis L. Sullivan aussah, »die Sorte Mensch, dem Demokratie nicht steht«.

Larkins Berufswahl überrascht nicht, denn schon seit der Kindheit hatte er Bibliotheken unwiderstehlich gefunden:

> »Ich war ein Entleiher von der besonders lästigen Art, der die Bücher, die er am Morgen geliehen hatte, am Abend schon zurückbrachte, weil er sie am Nachmittag gelesen hatte. Das war in der alten Zentralbibliothek von Coventry, am Fuß der damals noch nicht zerbombten Kathedrale, vollgestellt mit hohen, altertümlichen Bücherregalen (wie zu dieser Zeit üblich mit dem Prägestempel *Coventry Central Libraries* versehen), und gemeinsam mit meinem ehemaligen Schulkameraden Ginger Thompson ... Es war das erste Mal, dass ich die süchtig machende Erregung verspürte, die eine große öffentliche Bücherei auslöst.«

Als er die Thekenseite wechselte, lagen die Dinge schon ziemlich anders, allerdings spielten die Fußstapfen des Vaters auch hier eine Rolle: Wenn man schon kein Gauleiter werden kann, ist Bibliothekar die zweitbeste Lösung. Auf die Frage nach den Gründen für seinen Erfolg als Bibliothekar antwortete Larkin: »Ein Bibliothekar kann vieles sein ... ein reiner Gelehrter, ein Techniker ... ein Verwalter, oder er ist einfach ein netter Kerl, den man gern um sich hat, und diese Rolle habe ich wohl einigermaßen ausgefüllt.« Motion nennt das eine »typische bescheidene Selbsteinschätzung«, aber sie hat auch etwas von Selbsttäuschung. Zwischen Knobelbecher und Bücherstempel liegt wenig Abstand, und allen Schilderungen zufolge konnte Larkin als Bibliothekar ziemlich einschüchternd sein. Neville Smith erinnert sich, wie er in Hull am Eingang zur Brynmor Jones Library stand und prüfend die Gesichter der hereinströmenden Horden betrachtete, das Gesicht streng und ausdruckslos, die Brille glänzend und die Hände wie ein Fußballer in der Freistoßmauer an der Strafraumgrenze über einem angeblich beachtlichen Gemächt verschränkt. »VERPISS DICH, LARKIN, DU WICHSER« hätte auch der fröhliche Abschiedsgruß in einem von Kingsley Amis' Briefen lauten können: Tatsächlich stand dies aber an der Wand einer Fahrstuhlkabine, geschrieben wahrscheinlich von einem dieser »hinterhältigen, faulen und dummen« Studenten, die hartnäckig in den Herrschaftsbereich des Bibliothekars eindrangen und seine Bücher lasen.

So war es jedoch nicht immer gewesen, denn Larkins erster Posten, in Wellington in Shropshire, wo er 1943 Leiter der Stadtbücherei wurde, war tatsächlich eine Art Idyll. Die Bibliothek war zwar bitterkalt, nur von Gaslampen erhellt, und Larkin musste den Heizkessel selbst befeuern, doch sie hatte eine exzentrische Buchsammlung und eine dazu passende Leserschaft. Hier war er als Bibliothekar anscheinend wirklich »einfach ein netter Kerl, den man gern um sich hat«, der still und leise seinen Bestand ausbaute, während er seine berufliche Qualifikation per Fernstudium nachholte. Er hatte erwartet, der Job würde ihm »keinen Zebraschiss wert« sein, stattdessen hatte er seine Berufung gefunden.

Es folgten Posten in Leicester und Belfast, bis er im Jahr 1955 zum Bibliothekar der Universität Hull ernannt mit der Aufgabe betraut wurde, die Bibliothek neu zu ordnen und den Umzug in neue Gebäude zu organisieren. Sosehr Larkin auch über diese Aufgabe stöhnte, sie machte ihm Freude, und er erledigte sie außerordentlich gut. Die Studenten waren vielleicht eingeschüchtert, aber bei seinen Mitarbeitern und vor allem bei den Mitarbeiterinnen war er beliebt. Die Bibliothekarin Mary Judd, die in Hull an der Buchausgabe arbeitete, glaubte, »die meisten Frauen mochten ihn lieber als die meisten Männer, weil er so mit Frauen reden konnte, dass sie sich einzigartig und wertvoll fühlten«. In den im letzten Jahr erschienenen *Ausgewählten Briefen* findet sich ein Foto von ihm mit dem Personal der Brynmor Jones Library, und außer Larkin ist weit und breit kein Mann zu sehen. Inmitten seiner strahlenden Untergebenen mittleren Alters – mit mindestens zweien von ihnen hatte er eine Affäre oder würde eine haben – sieht er aus wie ein Walrossbulle mit seiner Herde zufriedener Kühe.

In Motions Biografie geht es viel um Sex: keinen zu kriegen, nicht genug zu kriegen, den falschen zu kriegen. Eine Weile schien es, als könne Larkin in beide Richtungen gehen, und in Oxford gab es auch ein paar ungelenke homosexuelle Begegnungen – aber kein bisschen *Brideshead*, mehr Grapschen als Schmachten, und kein Stoff für Lyrik, außer vielleicht im Nachklapp wie »die Vorfälle letzter Nacht«. Nach Oxford sind Larkins homosexuelle Gefühle »verdunstet« (Motions Ausdruck) und beschränkten sich fortan offenbar auf seine Sockenwahl.

In Wellington begann er Ruth Bowman auszuführen, »eine sechzehnjährige Schülerin und regelmäßige Entleiherin der Bibliothek«. Diese Phase von Larkins Leben ist recht berührend und liest sich wie ein Roman aus den Fünfzigern über das Leben in der Provinz, allerdings nicht von ihm geschrieben, sondern eher von John Wain oder Keith Waterhouse oder sonst einem der »*Angry Young Men*«. Tatsächlich klingt Ruth (oder lässt Larkin sie klingen) wie Barbara, die unbefriedigende Verlobte von Waterhouses Romanfigur Billy Liar, deren kussverhindernde Apfelsine Billy ans andere Ende des Friedhofs schleudert. Nachdem Larkin die Gesamtsumme von 15 Shilling und 7 Pence für einen Abend mit Ruth ausgegeben hatte, schreibt er an Amis:

> »Findest Du es nicht auch eine ABSOLUTE SCHANDE, dass Männer für Frauen zahlen müssen, ohne sie hinterher GANZ SELBSTVERSTÄNDLICH VÖGELN ZU DÜRFEN? Ich schon: einfach EKELHAFT. Es macht mich RASEND. Dieses ganze Beziehungszeug zwischen Männern und Frauen macht mich rasend. Das ist doch alles beschissener Pfusch. Könnte von der Armee geplant sein, oder vom Ernährungsministerium.«

Der Fairness halber muss man sagen, dass Larkins Vorspiel auch eher zur Düsterkeit neigte. Mitten in einem Rendezvous mit Ruth verfiel Larkin (damals zweiundzwanzig) plötzlich in Schweigen. Hatte sie irgendwas gesagt, was ihn ärgerte? »Nein, ich habe nur gerade daran gedacht, wie es wäre, alt zu sein, und niemand kümmert sich um dich.« Das nannte Larkin dann später »seine erschreckende Jugend«. »Er konnte«, so Ruth, »eine anstrengende Begleitung sein.«

Am Ende neigen die Sympathien wie immer bei Larkins Affären zu der Frau, und man ist froh, als Ruth ihn endlich durchschaut und merkt, dass er kein Mann zum Heiraten ist. Und er ist natürlich ebenso froh. Ruth hat übrigens auch Amis treffend taxiert. »Er wollte«, sagt sie, »Larkin zu so einem Kerl machen, der die Frauen liebt und dann sitzenlässt«, und einen Augenblick lang sehen wir die beiden Leuchttürme der Literatur so, wie sie einmal waren: Die *Likely Lads* aus der beliebten Fernsehserie – Larkin war der nach Höherem strebende Bob, Amis der zynische Fabrikarbeiter Terry und Ruth in diesem Szenario die schreckliche Jugendfreundin Thelma.

Im Rückblick sagt Ruth heute: »Ich war seine erste Liebe, und das ist immer etwas Besonderes, nicht wahr?« Nur dass »Liebe« bei Larkin nicht ganz das richtige Wort ist und »sich auf jemanden einlassen« ausnahmsweise keine prüde Umschreibung ist, sondern eine recht gute Bezeichnung für den quälenden Prozess, der daraus immer wird. »Meine Beziehungen zu Frauen«, schrieb er, »sind geleitet von zurückweichender Empfindlichkeit, einem morbiden Bewusstsein der Sünde, lauernder Lüsternheit. Frauen halten nicht bloß still und stärken einem den Rücken. Sie wollen Kinder; sie mögen Szenen; sie wollen Gelegenheiten, die ganzen sinnlosen Accessoires zur Schau zu stellen, mit denen sie ausgestattet sind. Vor allem aber haben sie gern das Gefühl, dich zu besitzen – oder dass du sie besitzt –, was ich hasse.« Der Dichter A. C. Benson, dessen Medaille Larkin später von der *Royal Society of Literature* verliehen bekam, hat es bündiger formuliert, als er (so glaube ich) Aristophanes zitierte: »Mach dich nicht daheim in meinem Kopf.« Obwohl es bei Larkin eher heißt: »Und mach dich auch nicht daheim in meinem Heim«, denn er lebt ständig in der Angst, dass jemand bei ihm einziehen könnte, zuerst seine Mutter und dann, nachdem diese sicher im Altenheim verstaut ist, irgendeine andere durchtriebene Frau. Dass Monica Jones es gegen Ende trotzdem schafft, zu ihm zu ziehen, liegt nur daran, dass sie krank ist und nicht mehr für sich selbst sorgen kann, was natürlich zu noch viel mehr Murren und Grollen führt. In der Rückschau betrachtet (Larkins liebster Blickwinkel) wäre es klüger gewesen, er hätte mit den ungelenk tastenden homosexuellen Versuchen weitergemacht, denn einer der Vorzüge von Kerlen ist, dass sie lieber weiterziehen als einziehen wollen. Nicht dass man da eine Wahl hätte, dafür sorgt »etwas vor uns Verborgenes«.

Larkins früheste Gedichte wurden von R. A. Caton in seinem kleinen Verlag Fortune Press veröffentlicht. Catons Katalog hätte man mit »Poetische Gerechtigkeit« überschreiben können, denn es fanden sich auch Titel darin wie *Züchtigung im Wandel der Zeiten* oder ein Bericht über Körperstrafen gegen Frauen in süddeutschen Gefängnissen. Da Larkin sowohl an Poesie als auch an Pornografie Geschmack fand, liegt auch darin eine gewisse poetische Gerechtigkeit. Er stellte fest, dass er dieses Interesse an Schmutz und Schund mit dem »empfindsamen und weltklugen« Robert Conquest teilte, und so gingen sie gemeinsam auf Expedition, durchkämmten die Spezialgeschäfte nach ihrer jeweiligen Beute; eine ganz sorglos und unschuldig wirkende Partnerschaft. Auch ungewöhnlich, denn ich hatte immer vermutet, dass Pornografie – die Suche danach und ihr Konsum – eine solistische Beschäftigung sei. Conquest schickte ihm zudem pikantes Material mit der Post und band dem ängstlichen Larkin einmal den Bären auf, die Polizei sei ihm auf den Fersen und sein Ruin stünde unmittelbar bevor; er ließ ihn zwei oder drei Tage schmoren, ehe er ihn aufklärte und beruhigte. Dass Larkin ihm das verzieh und nicht grollte, scheint mir einer der wenigen Momente außerhalb seiner Gedichte, wo er zu echter Großzügigkeit fähig war.

So furchtsam Larkin auch sein konnte, war er gleichzeitig nie schamhaft oder machte aus seinen Vorlieben einen Hehl. Genau wie Elsie, die Sekretärin seines Vaters, die Kniffe in den Hintern und die Führerverehrung ihres Chefs locker wegsteckte, regte sich auch Betty, die Sekretärin seines Sohnes, niemals auf, wenn sie auf dessen Mittagslektüre in Form gespreizter Hinterbacken im Unterrock stieß, sondern bedeckte sie bloß rasch mit der Zeitschrift des Bibliotheksverbandes und katalogisierte weiter. Wie die übrigen Dokumente seines Lebens und Doppellebens wurden auch diese Zeitschriften auf seinem »trostlosen Dachboden« sorgfältig aufbewahrt, wenn nicht gar katalogisiert, obwohl sie nach über zwanzig Jahren Betrachtung etwa so erregend gewesen sein dürften wie *Beowulf.*

Eine unkommentierte Kuriosität in den *Ausgewählten Briefen* ist eine Nachricht von Larkin an Conquest aus dem Jahr 1976, in der er von einer Reise nach Cardiff erzählt: Er habe »einen Zeitschriftenhändler gefunden, der eine gute Auswahl an Ami-Homo-Pornos hat, und das in einer ziemlich feinen Gegend. Habe mich nicht hingetraut.« Ich hatte angenommen, was unanständige Zeitschriften angeht, fände man irgendwann raus, was einen anmacht – ob nun Krankenschwestern, Nonnen oder Kerle in Leder –, und bliebe dabei. Was wollte Larkin also mit dieser »guten Auswahl an Homo-Pornos«? Tauschen? Oder war die ungelenke Homosexualität doch nicht ganz verdunstet? Als Student hatte Larkin unter dem Pseudonym Brunette Coleman zwei scherzhaft gemeinte Romane geschrieben, die an einem Mädcheninternat spielen. Das verführt zu dem Gedanken, dass seine öffentliche Bewunderung für Mrs Thatcher (»Was ist sie für ein herrliches Wesen, rechtschaffen und schön!«) sich auch dem Faible für Miss Holden, der sadistischen Direktorin dieses Internats, verdankt.

Als Mrs Thatcher Larkin 1980 in der Downing Street empfing, begeisterte sie sich für sein wundervolles Gedicht über ein Mädchen. »Sie wissen schon«, sagte sie, » Ihr Geist war voller Messer.« Tatsächlich lauten die Verse »Den ganzen ungehetzten Tag / lag dein Geist offen wie eine Messerschublade«, aber Larkin mochte gern glauben, dass Madam das Gedicht kannte, sonst hätte sie es nicht falsch zitieren können. Ein ungenügendes Vorgespräch ist allerdings wahrscheinlicher, und da es in dem Vers um einen offenen Geist geht, verwundert es kaum, dass das herrliche Wesen es falsch verstand.

Mrs Thatchers große Tugend sei es, so Larkin zu einem Journalisten, »zu sagen, dass zwei und zwei vier ist, was heutzutage so unpopulär ist, wie es immer war«. Was Larkin dabei übersah: Nur durch den Glauben, dass zwei und zwei fünf ergaben, konnten solche Institutionen wie die Brynmor Jones Library überhaupt erhalten bleiben. Er hat noch lange genug gelebt, um zu sehen, wie ein großer Teil seiner Arbeit in der Universitätsbibliothek zunichtegemacht wurde; noch kurz vor seinem Tod schob er ein Treffen mit dem designierten Vizekanzler der Universität auf, der nach Möglichkeiten suchte, eine Viertelmillion Pfund einzusparen, indem er die Bibliothek verkleinern und einige ihrer Räume abstoßen wollte. Das bedeutete zwei plus zwei gleich vier.

Bevor er berühmt wurde (und da konnte er sich winden, wie er wollte, er war ein Prominenter), drehten sich Anekdoten, die man von Larkin hörte, meist um seine Scherze und seine Kratzbürstigkeit. »Neues Knarren von einem alten Tor« lautete die Widmung, die er dem Kulturredakteur Patrick Garland in seine Ausgabe von *High Windows* schrieb.

Seine Briefe stecken voller Witze. »Ich rechne stark damit«, sagt er über den Vers »*They fuck you up, your mum and dad*«, »ihn vor meinem Tod noch von tausend Pfadfinderinnen aufgesagt zu hören«; er bekommt »einen Brief von einer ganzen Klasse walisischer Schulmädchen, die mich anscheinend zu massenhaftem Geschlechtsverkehr einladen. Wo waren sie, als ich sie begehrte?« Im Dienst solcher Scherze war er bereit, sich selbst zu dramatisieren, seine Lebensumstände greller zu zeichnen, seine Verzweiflung zu verdüstern und sich in Situationen als Arschloch darzustellen, wo er sich eigentlich ganz reizend verhalten hatte. Man möchte zu gerne das Gefühl behalten, dass ungeachtet der Gedichte diese Witze den Mann ausmachten. Das Traurigste an dieser Biografie und den *Ausgewählten Briefen* ist die Erkenntnis, dass sie es nicht tun, dass ihn abseits der Späße eine Aura von Trübsal, Furcht und Selbstmitleid umgab, die nichts und niemand vertreiben konnte. Weit entfernt vom Mitgefühl, das Motion jederzeit für ihn aufzubringen vermag, werde ich zusehends unduldsam und fühle mich verschaukelt.

Peter Cook hat mal einen Sketch geschrieben, in dem er als Greta Garbo gekleidet in einer offenen Limousine durch die Straßen der Stadt fährt und »Ich möchte in Ruhe gelassen werden« durch ein Megafon brüllt. So offensichtlich geht Larkin nicht vor, aber auch Lyrik ist eine Art Lautsprecher, und dass seine Zurückgezogenheit so viel Öffentlichkeit bekam, lag weniger an seinen Interviews oder persönlichen Stellungnahmen, sondern eher an der Popularität solcher Gedichte wie »*Here*« oder »*The*

Whitsun Weddings«, die Larkins Standort verkündeten, die ihn auf der Karte markierten (und wieder ausradierten), die seine Distanz vom Mittelpunkt der Welt propagierten.

Nicht nur in London war man in den Fünfzigern der Ansicht, dass Hull das Ende der Welt war: Auch in Hull selbst sah man das so. 1959 bewarb ich mich dort probehalber auf eine Dozentenstelle in mittelalterlicher Geschichte, und im Vorstellungsgespräch betonte der Professor zuallererst, die Zugverbindungen seien inzwischen so gut, dass man in vier Stunden von Hull nach King's Cross käme. Das war weniger darin begründet, dass ich wie ein Mensch wirkte, der die Anregungen und den Schick der Hauptstadt brauchte, sondern eher in meinem Forschungsgebiet, der mittelalterlichen Staatskasse, deren Akten und Dokumente damals im Nationalarchiv in der Chancery Lane lagen. Trotzdem klang es, als sei ein langsamer und häufig haltender Zug Richtung Süden eine Art Rettungsanker, nach dem man in jeder freien Minute greifen würde. Auch Larkin griff von Zeit zu Zeit danach, und auch wenn sein gesellschaftliches Leben kaum turbulent genannt werden kann, so tat er sich doch mehr herum, als er selbst glauben wollte.

Bis ich Motions Buch las, hatte ich mir Larkin immer als Menschen vorgestellt, der sich den Ritualen des literarischen und akademischen Lebens weitgehend entzog, der ihnen keinen Wert beimaß und sich von ihnen nicht vereinnahmen ließ. Davon kann keine Rede sein. Es gibt unzählige formelle Anlässe: Der Dichter setzt sich pflichtbewusst in den Zug nach London, um am jährlichen Dinner der Royal Academy teilzunehmen, was auch einen Besuch beim teuren Herrenausstatter Moss Bros erfordert (»unermessliche Kosten«); es gibt mindestens eine Feier im Buckingham-Palast, einen Literatur-Lunch der Buchhandelskette Foyles, bei dem er eine Rede halten muss, es gibt Dinner in seinem alten College in Oxford und im All Souls College, und wenn er sich auch nicht unbedingt zu jedem Abendessen am Arsch der Welt schleppt, so geht er doch zur Jahresfeier des Zaubereiverbandes *Hull Magic Circle*. Na ja, der Vorsitzende des Bibliotheksausschusses sei halt begeisterter Zauberkünstler, erklärt Larkin etwas lahm. Wenn Motion schreibt, Larkin habe widerwillig akzeptiert, dass er als Figur des öffentlichen Lebens auch mehr öffentlichen Verpflichtungen nachkommen müsse, stört man sich vor allem am »widerwillig«. Natürlich tut einem keine dieser Veranstaltungen weh, solange man Spaß daran hat. Aber anscheinend hat Larkin den nie, oder jedenfalls gibt er es nicht zu. Aber wieso ist er dann hingegangen? Amis hat notiert, wie viel angenehmer das Leben wurde, nachdem er begriffen hatte, dass man Einladungen schlicht und einfach mit der Bemerkung »ich mache so was nicht« ablehnen konnte – die Erkenntnis ist vergleichbar mit der Larkins in Oxford, bei der ihm dämmerte, dass man in der Pause eines Theaterstücks gehen konnte und nicht wiederkommen musste. Aber Larkin machte Dinner mit, und nicht bloß Dinner. Er machte beim Booker-Preis mit, bei der *Royal Society of Literature*, beim Shakespeare-Preis; er machte sogar ein Abendessen zur Verleihung des Verdienstordens von Coventry mit. Larkin erscheint pflichtbewusst überall und sammelt ein, was ihm angeboten wird, eine ganze Ladung von Auszeichnungen und sieben Ehrendoktorwürden. Eigentlich wollte er bei sechs Schluss machen, aber dann kam Oxford noch mit »der ganz großen Nummer« um die Ecke, und bei der Nachricht konnte er sich kaum fassen vor Aufregung. »Er ist tatsächlich nach oben gerannt«, sagt Monica. Und das soll ein Einsiedler sein. Gierig nach Ruhm und Renommee ist er ungefähr so zurückgezogen wie die verstorbene Society-Königin Viscountess Patricia »Bubbles« Rothermere.

Motion meint, die akademischen Ehrungen für seine Arbeit wären ihm auf die Nerven gegangen, doch dafür gibt es kaum Hinweise. Dennoch mit einem albernen Hut herumzulaufen, dann auf einer Bühne zu stehen oder zu sitzen und seine Verdienste und Vorzüge aufgezählt zu bekommen, gefolgt von mindestens einem formellen Abendessen, ist ganz und gar kein Vergnügen, wie Larkin nicht müde wird zu betonen, vor allem wenn man verschwitzte Hände hat und in Ohnmacht zu fallen fürchtet. Sein Bericht von der Verleihung in Oxford macht natürlich Spaß. Sein neuer Anzug sieht aus wie »Schwangerschaftskleidung für Walrosskühe«, und die Rede des Universitätssprechers klang »ein bisschen wie eine provinzielle Rezension in *Poetry Tyneside*«, also schlägt er sich, wie immer, mit Witzen durch. Doch wenn es solch eine Last ist, gefeiert zu werden, wieso lässt er es dann mit sich machen, um gleichzeitig anzudeuten, dass er ein Leben der Verweigerung führt? Weil er eben eine Figur des öffentlichen Lebens ist, urteilt Motion gnädig. Weil er ein Mann ist, trifft es wohl eher.

Diese Konstellation – Larkin möchte auf allen Hochzeiten tanzen, aber niemand soll denken, dass er sich dabei amüsiert – wiederholt sich in Larkins Leben so oft, dass man nur schwerlich mitleiden kann, wie es von Monica und Maeve (und nicht zuletzt Motion) aber erwartet wird, oder überhaupt von jeder Frau, die ihm zuhören mag. Natürlich nicht von Männern. Larkin weiß, die Kerle langweilt solches Gerede, darum werden sie mit Witzen gefüttert, während die Damen seinen Schwindel und seine verschwitzten Hände kriegen. Auf diese Weise schmeichelt er sich bei ihnen ein, denn das zählt als »sich öffnen«.

Das Einzige, was Larkin tatsächlich konsequent nicht mitmachte, waren Dichterlesungen (»Ich laufe nicht gern herum und spiele mich selbst«) und Fernsehsendungen. Für die Dokumentation der *South Bank Show* durfte 1982 zwar seine Stimme aufgenommen werden, doch er weigerte sich, persönlich aufzutreten, und man muss es Patrick Garland hoch anrechnen, dass er den damals so gut wie unbekannten Larkin überredete, 1965 ausnahmsweise in dem Film *Down Cemetery Road* mitzuwirken. Larkin behauptete, fernsehscheu zu sein, weil er nicht erkannt werden wollte, aber ein Auftritt in der *South Bank Show* führt noch nicht dazu, dass man im Supermarkt bedrängt wird, wie ihm andere Autoren mit Bedauern hätten erklären können.

In Hull zu bleiben wirkte wie eine Entbehrung, war aber eigentlich keine, und genauso verhielt es sich mit Larkins praktischen Lebensumständen: zunächst eine Mietwohnung im Obergeschoss am Pearson Park, die der Universität gehörte, und dann »ein ganz und gar unscheinbares modernes Haus«, das er 1974 kaufte; »nicht direkt ein Bungalow an der Umgehungsstraße«, aber auch »nicht die Art Wohnstatt, die von edlem menschlichem Geist kündet«. Die Vermutung liegt nahe, dass Larkin diese wenig anregenden Orte suchte, weil sie für ihn eben anregend waren und genau die richtige Kulisse für die Art Gedichte, die er schrieb. Wie Dinge aussehen, scheint ihm ohnehin nie sonderlich wichtig gewesen zu sein – ob Möbel, Bilder oder anderes. Seine Einrichtung war nicht unbedingt spartanisch oder gar minimalistisch wie bei Wittgenstein (Klappstühle und Haferbrei), sondern bloß langweilig. Dies soll wohl andeuten, dass auch hier eine Wahl getroffen und bewusst auf diese Annehmlichkeiten verzichtet wurde; das gehörte zu Larkins Strategie, das Leben aufs Wesentliche zu reduzieren, ein Reisender ohne Gepäck.

»Ich glaube wirklich«, schrieb er an Maeve Brennan, »dass man am glücklichsten durchs Leben kommt, wenn man Sachen will und sie kriegt; ich glaube nicht, dass ich jemals Dinge wollte so in der Art von ... einem Jaguar IX ... Ich meine, es gibt zwar einen ganzen Haufen Dinge, mit denen ich nichts anfangen könnte, aber es gab nie etwas, ohne das ich nicht auskommen könnte, und folglich besitze ich sehr wenig.« In Wahrheit interessierte es ihn einfach nicht besonders, und seine Wohnung sah aus wie das Wartezimmer eines Zahnarztes, weil es ihm so lieber war. Schließlich wollte er durchaus seine Jazzplatten haben, und die »besaß« er auch. Wenn man selbst wählerischer ist, fühlt man sich durch den Bericht eines solchen Lebens vielleicht kritisiert, angegangen. Und tatsächlich schwingt bei Larkin immer etwas von Tugend mit, das Gefühl eines erbrachten Opfers. Was Auden gemütlich fand, beurteilten andere Menschen als verwahrlost, aber der Dichter gab nie vor, das Leben auf einer Müllhalde sei Voraussetzung für das Schreiben von Lyrik; es gefiel ihm nur zufällig am besten so.

Larkin wirkt am ehesten – auch wenn ihm dieser Vergleich kaum gefallen dürfte, da er »sich so anstrengte, für einen Spießer gehalten zu werden« – wie Kafka. Der gleiche dräuende Vater und die furchtsame Mutter ohne Widerworte, tags ein akribisch ausgeführter Brotberuf und nächtliches Schreiben, das gleiche Lavieren an der Schwelle der Ehe, wobei die Kunst als wahrscheinliches Opfer herhalten muss. Larkins Briefe, in denen er diese Probleme mit Frauen analysiert, sind so ermüdend zu lesen wie Kafkas, und genauso ergebnislos. Beide spielen mit dem Tod – Larkin versteckt sich, Kafka sucht ihn –, und schlussendlich packt er sie beide an der Kehle.

Wie Kafka konnte auch Larkin es nur im Scheitern zum Erfolg bringen. »Als er sich um Erfolg mühte, scheiterte er; als er das Scheitern akzeptierte, begann er zu triumphieren.« Auch wenn das die Schwermut nicht vertrieb, niemals. Motion nennt ihn einen Musenfreund der Trübsal, und A. L. Rowse (sonst nicht unbedingt ein Quell gesunden Menschenverstands) bemerkte: »Was war eigentlich sein Problem? Er hatte wahrlich kaum Grund zum Klagen. Er war *groß*!«

Die Veröffentlichung der *Ausgewählten Briefe* und jetzt der Biografie ist, fürchte ich, noch nicht alles. Die Larkin AG steht erst am Anfang, da ist noch ein ganzer Schatz an unveröffentlichtem Material zu bergen, die gedruckten Briefe sind bloß die Spitze des Eisbergs, und da keine wachende Witwe sie hindert, scharen sich bestimmt schon Horden von Doktoranden um sein Grab. Darf ich ihnen einen Knochen zuwerfen?

Im Jahr 1962 erwarb Monica Jones ein Ferienhaus in Haydon Bridge unweit von Hexham in Northumberland. Das Häuschen – zwei Zimmer oben, zwei unten – liegt in eher öder Umgebung, hinten der Tyne, vorn die A69 von Newcastle nach Carlisle, und in Motions Beschreibung von seinem Besuch dort, um Larkins Briefe zu retten, klingt es ganz besonders trostlos. Jones und Larkin jedoch verbrachten viele glückliche Ferientage in diesem Häuschen, und bei ihrem ersten Besuch 1962

»... faulenzten, tranken, lasen [sie], erkundeten das Dorf und unterhielten sich mit kleinen privaten Spielchen. Bald nach dem Einzug begannen sie beispielsweise, ein Exemplar von Iris Murdochs Roman *Flucht vor dem Zauberer* systematisch zu verunstalten, indem sie abwechselnd schlüpfrige Bemerkungen einfügten oder den Text verballhornten. Manche scheinbar harmlosen Sätze sind einfach nur unterstrichen (Heute schien er besonders hart zu sein). Viele andere sind verändert (aus ihr Mund war geöffnet, und noch nie hatte er ihre Augen so weit aufgerissen gesehen wird ihre Beine waren gespreizt, und noch nie hatte er ihre Möse so weit aufgerissen gesehen). Auch einige der ausgeschriebenen Kapitelnummern sind bekritzelt (die Vier ist eingefügt in Ich ficke meinen KlaVIERlehrer). Selbst die Liste der weiteren Titel von Murdoch vorn im Buch ist verschmiert, ein Buch heißt jetzt UNTER DEM NETZstrumpf.«

Auf solcherlei kann man sich doch freuen, wenn man einen windigen Tag auf dem Hadrianswall verbracht hat oder auf Lindisfarne über den Sandstrand gewandert ist, und »dieses kindisch ungezogene Spiel« wurde noch jahrelang fortgesetzt.

Als Bibliothekar muss es Larkin besonderes Vergnügen bereitet haben, einen Text zu entstellen, aber Miss Jones und er waren nicht die Ersten. Ein anderes Liebespaar hatte dieses Spiel ungefähr ein Jahr zuvor betrieben, nur waren sie noch wagemutiger gewesen: Sie hatten die Bücher, die sie verzierten, aus einer öffentlichen Bibliothek entliehen und sie danach unter den wachsamen Augen der Angestellten wieder in die Regale geschmuggelt. Doch 1962 ließ sie das Glück im Stich, und Joe Orton und Kenneth Halliwell wurden angeklagt, Eigentum des Bezirks Islington verunstaltet zu haben. War es dieser in der landesweiten Presse gründlich ausgewalzte Fall, der sie auf ihre verruchte Idee brachte? Oder ließ er sich vom detaillierteren Bericht im *Library Association Record* im folgenden Jahr inspirieren, jener wundervollen Zeitschrift des Bibliotheksverbandes, die er ständig studierte?

Mit fünfundvierzig hat Larkin das Gefühl, »regelmäßig von Wellen der Traurigkeit, Reue, Angst und allem anderen überschwemmt zu werden, so wie ein Urinal von seiner automatischen Spülung«. Mit sechzig gleitet er unweigerlich in Richtung Auslöschung, und der Ballast seiner selbst macht ihn hilflos. Sein Leben wird so düster, dass es eine Aura der Unvermeidlichkeit bekommt: Wenn ein Igel in seinem Garten auftaucht, dann weiß man wie in einem Film sofort, das Tier ist dem Tod geweiht. Und richtig, er überfährt den Igel mit dem Rasenmäher und rennt darauf wehklagend ins Haus. Er hatte immer prognostiziert, mit dreiundsechzig zu sterben, wie sein Vater, und als er mit zweiundsechzig erkrankt, ist es natürlich der Krebs, den er immer am meisten gefürchtet hatte. Er geht ins Nuffield Hospital, um sich operieren zu lassen, und der Chirurg stellt ihm in Aussicht, ein neuer Mensch zu werden, »wo ich doch den alten ganz gernhatte«. Eine der Schwestern heißt Thatcher, eine andere Scargill (»Sie tragen Namensschilder«). Ein Privileg des Privatpatienten ist der freie Zugang zu Alkohol, und man glaubt, dass eine Flasche Whisky, die ihm ein Freund mitbrachte, dazu führte, dass er sein eigenes Erbrochenes schluckte und ins Koma fiel. Im Krisenfall werden Patienten aus Privatkrankenhäusern im Allgemeinen in öffentliche Krankhäuser verlegt, wo man sich dann um den Schlamassel kümmern darf. Larkin erwachte aus dem Koma, kehrte nach Hause zurück, fing aber nicht wieder an zu arbeiten, kam ein paar Monate später erneut ins Krankenhaus und starb dort am 2. Dezember 1985.

Was bleibt, sind die Gedichte, ohne die es keine Biografie gäbe. Als ich die Biografie las, konnte ich mir kaum vorstellen, dass sie davon unversehrt bleiben könnten. Aber ich habe sie mir nun erneut vorgenommen, und das sind sie tatsächlich, genau wie bei Auden oder Hardy, die ebensolche biografischen Salven verkraften mussten. Audens Epitaph für Yeats erklärt, warum:

Die Zeit verspürt keine Geduld
Mit Tapferkeit und frommer Unschuld
Sie zeigt schon bald Gleichgültigkeit
Gegenüber körperlicher Schönheit

Doch ehrt sie Sprache und verzeiht
Jedem, der ihr sein Leben weiht;
Vergibt dem Feigen, Dünkelhaften
Und krönt seine Errungenschaften

Mit diesem Vorwand hat die Zeit
Die Kipling seine Gesinnung verzeiht
Auch Paul Claudel schließlich vergeben,
Wird ihm fürs Schreiben Kränze weben.

Das unbekannte Schiff mit schwarzen Segeln ist weitergesegelt und hat in seinem Fahrwasser keine riesige, vogelleere Stille hinterlassen, sondern eine Armada, die weiter glitzert und intakt ist. Beim Blick auf diese leuchtende Flotte sieht man einen Mann an der Mole stehen, der jeder sein könnte.

# Lektüren 2000–2015

2. Januar 2007
Mit Verspätung die literarischen Rückblicke am Jahresende durchgesehen und wie so oft überrascht, wie streitsüchtig die Welt der Literatur ist, und wie schmeichlerisch, wie viel mehr noch als im Theater oder generell im Showgeschäft sowohl verleumdet als auch geklüngelt wird. Das hängt sicher damit zusammen, dass sich Schauspieler im Nebenberuf nicht auch noch als Kritiker versuchen, so wie Schriftsteller. Die wenigsten Autoren sind ausschließlich Kritiker, die meisten haben andere Jobs, verfassen Romane, Geschichtsbücher, Biografien oder was auch immer, und schreiben Rezensionen nur, weil sie Geld brauchen oder wollen. Das ist zwar unbedenklich, aber die Literaturwelt wird dadurch auf jeden Fall garstiger.

15. September 2007
Habe einen guten Buchladen entdeckt: Crockatt and Powell an der Lower Marsh, eine Straße gegenüber The Cut beim Old Vic, und dort *The Lesson of the Master* von Henry James gekauft. In dieser Kurzgeschichte gibt Henry St. George, ein berühmter Romancier, angeblich an Daudet angelehnt, aber auch an James selbst erinnernd, seinen Erfahrungsschatz an den jungen Schriftsteller Paul Overt weiter. St. George, bedeutet uns James, hat sich selbst »verkauft«, hat der künstlerischen Perfektion, die er einst anstrebte (und gelegentlich auch erreichte), abgeschworen, um Geld zu verdienen und seine gesellschaftliche Stellung zu halten.

Inzwischen produziert er zwar nicht direkt Reißer, aber doch minderwertiges Zeug – ein Abstieg, befördert nicht zuletzt durch zu große Ausgabenlast, besonders wegen seiner anspruchsvollen Frau. Er gibt Overt den bedeutungsschweren Rat, nicht zu heiraten, woraufhin der junge Autor seiner Liebe zu der temperamentvollen Marian Fancourt entsagt, in die Schweiz geht und dort ein Meisterwerk verfasst. Die Erzählung nimmt am Ende eine überraschende Wende, als St. George selbst Miss Fancourt heiratet, aber das Ganze kommt mir mehr wie eine formalistische Etüde vor, kein bisschen überzeugend, nicht zuletzt, weil es von so einem verstiegenen Kunstbegriff grundiert ist. Die Kunst lässt beide Romanciers vor Liebe beben und vor Erregung schaudern, während gleichzeitig (und notwendigerweise) unbestimmt und unspezifisch bleibt, was an ihrem Werk sie jeweils erbeben und schaudern lässt. Das ist immer das Problem bei Erzählungen oder Stücken über Schriftsteller (oder Filmen über Maler): Was sie tatsächlich hervorbringen, kann nur umschrieben werden; wenn es wirklich gezeigt oder explizit beschrieben wird, damit der Leser es beurteilen kann, dann erweist es sich unweigerlich als dürftiges oder prätentiöses Zeug. Selbstverständlich! Denn sollte man eine Geschichte über ein Meisterwerk schreiben können und dieses selbst einbauen, warum bräuchte es in dem Fall überhaupt noch die Rahmenhandlung? Am wenigsten kaufe ich ihm die Auffassung ab, dass Entsagung (in dieser Geschichte sogar unvermeidlich) zu Größe führt.

1. November 2007
Ich habe Philip Roths *Exit Ghost* gelesen und genossen (insofern ich einen Roman über einen inkontinenten, impotenten, cholerischen alten Schriftsteller

genießen kann, der zwei Jahre jünger ist als ich). Soweit ich den Roman verstehe, ist Nathan Zuckerman höchstpersönlich einer der Geister, der verabschiedet wird, zugleich Philip Roths Ebenbild oder Alter Ego, dessen parallel verlaufendes Leben er in seinem halben Dutzend Bücher verfolgt hat. Ein anderer Geist, der seine letzte Ruhe findet, ist Amy Bellette, die in *Der Ghostwriter* eine sehr viel jüngere Geliebte des praktisch vergessenen Autors E. I. Lonoff war. In diesem Buch identifiziert Zuckerman Amy fälschlicherweise als Anne Frank, die das Lager überlebt hat und unerkannt weiterlebt. In *Exit Ghost* taucht sie wieder auf, dieses Mal nicht als Anne Frank, wiederum aber als eine Überlebende, nur nicht aus Holland, sondern aus Norwegen.

Ich habe das gerade gelesen, bevor wir uns in das EAT an der Madison Avenue kurz vor der 81st Street setzen und eine Tasse Tee und ein Stück (sehr unbefriedigenden) Kokosnusskuchen zu uns nehmen. Eine ältere Frau in rotem Mantel und Baskenmütze (die Enid Starkie gar nicht so unähnlich sah) winkt mich zu sich, sie hat einiges von mir gelesen, das ihr Spaß gemacht hatte. Besonders *A Question of Attribution* hat ihr wohl gefallen, das Stück, in dem es um die Queen und Anthony Blunt geht. Ich kann ihren Akzent nicht so recht einordnen, aber sie meint, dass sie ihre Jugend im besetzten Europa verbracht habe, und was sie an dem Stück besonders möge, seien die Lügen, die verbreitet werden: »Beide lügen. Er lügt, sie verstellt sich. So war meine ganze Kindheit«, sagt sie. Sie sagt nicht, ob sie Jüdin ist und die Lügen überlebensnotwendig waren, und in meiner typisch unschriftstellerhaften Art denke ich auch gar nicht daran, sie zu fragen, vielleicht weil es so an eine Szene aus einem Roth-Roman erinnert. Als sie geht, ruft sie laut: »Bleiben Sie lebendig!«

Die ganze Episode ruft in Erinnerung, was für eine archäologische Schatzkammer die Upper East Side doch ist, mit verknöcherten alten Damen, die (von ihren schwarzen Betreuerinnen) in Rollstühlen die Madison Avenue entlang geschoben werden, alle voller Geschichten. Es ist wie eine längst untergegangene Stadt in einer nahöstlichen Wüste, wo die Scherben der Geschichte herumliegen und darauf warten, aufgelesen oder in diesem Fall angesprochen zu werden. Aber nicht von mir, denn mir fehlen die Worte. »Er hätte Schriftsteller werden können, aber ihm fehlten die Worte.«

28. Juli 2008
Habe gerade die *Collected Stories* von John Cheever zu Ende gelesen, sämtliche 892 Seiten. Die Geschichten stecken voller entspannter Tiefgründigkeit und luftiger Erkenntnisse, aber nur die wenigsten bergen die Poesie oder die sprachliche Kraft seiner Romane; zusammengenommen aber ergeben sie eine geradezu dokumentarische Darstellung der amerikanischen Ostküstengesellschaft in den 1940er und 1950er Jahren. Und nicht nur der gut situierten. Eine auffallende und unerwartete Erkenntnis ist, wie prekär diese scheinbar so sicheren Mittelschichtexistenzen waren, finanziell gefährdet und hoch verschuldet. Obwohl es Köche und Zimmermädchen gibt, bedeutet der Verlust des Arbeitsplatzes sogleich Ruin und Abstieg; auch emotional sind sie gefährdet, bei Updike findet sich nichts, was bei Cheever nicht schon da war. Und es sind auch nicht nur Geschichten über das Vorstadtleben in Cheevers fiktiven Vierteln Shady Hill oder Bullet Park. Es gibt Geschichten über Fahrstuhlführer, Hausmeister und Gelegenheitseinbrecher, und nur wenige der äußerlich respektablen Existenzen haben keine schäbige Seite. Wie eben auch Cheevers

Leben selbst. Jede Menge Alkohol, auch das ist Teil von Cheevers Existenz; allerdings zeichnet sich sein Doppelleben als Homosexueller in diesen Geschichten weniger deutlich ab als in den Romanen. Die meisten waren Auftragsarbeiten, hauptsächlich für den *New Yorker* (der ihm nie genug zahlte), und wahrscheinlich schrieb er besser, wenn er sich freier entfalten konnte. Aber es gibt ganz außergewöhnliche Erzählungen: ein flüchtiger Bürofick führt zur Entlassung einer Frau, woraufhin sie dem Übeltäter nachstellt und ihn schließlich im Schatten seiner Bahnstation in der Vorstadt buchstäblich Dreck fressen lässt. Eine Geschichte wird vom Bauch eines Mannes namens Farnsworth erzählt, und in Bullet Park entgeht ein Junge nur knapp der Kreuzigung auf dem Altar seiner örtlichen Kirche.

4. September 2008
Im *Guardian* ein längeres Stück über den Booker Prize und die Erfahrungen derjenigen, die in der Jury waren. Ich wurde auch einmal gefragt und sagte ohne Zögern ab, denn schon die Aussicht, zehn Romane lesen zu müssen, schreckte mich ausreichend ab, von hundert ganz zu schweigen. Später las ich irgendwo, Martyn Goff habe gesagt, niemand hätte je eine Berufung in die Jury abgelehnt, was die Aussage anderer Jurymitglieder bestätigt – nämlich, dass er ein raffinierter Hund ist. Freue mich auch, Rebecca West als Krawallnudel gebrandmarkt zu sehen, ich habe nie verstanden, warum so viel Aufhebens um sie gemacht wurde und wird – eine heilige Kuh, nehme ich an. Auch Roy Fuller bekommt sein Fett weg, was mit meinen Erinnerungen an die Zeit übereinstimmt, in der er kurz Fernsehkritiker war. Das Ganze bekräftigt meinen allgemeinen Eindruck – dass es nämlich in der Literatur wesentlich hässlicher zugeht als am Theater.

2. Juli 2009

Ich lese (oder versuche es jedenfalls) Ivy Compton-Burnetts *A House and Its Head*, nachdem ich mal wieder einen Blick in Hilary Spurlings hervorragende Biografie geworfen habe. Und stoße dabei auf die üblichen Hürden: Die Figuren sind durch ihre Art zu reden nicht zu unterscheiden, man vergisst, wer nun wer ist, da auch Compton-Burnetts Beschreibung ihres Äußeren nicht weiterhilft. Manches davon (und das wird selten so gesagt) ist auch richtig schlecht. Trotzdem passiert mehr, als man bemerkt. In den ersten Kapiteln von *A House and Its Head* verbrennt der Protagonist Duncan Edgeworth ein Buch, dessen Titel nicht genannt wird, von dem man aber annimmt, dass es Darwins *Der Ursprung der Arten* ist, das sein Neffe zu Weihnachten geschenkt bekommen hat. Später an jenem Weihnachtstag spielen besagter Neffe und sein Cousin einen anglikanischen Gottesdienst nach, inklusive Predigt. Ich bezweifele, dass ich es schaffe, das Buch zu Ende zu lesen, denn das habe ich bisher noch mit keinem ihrer Romane geschafft.

23. Mai 2010

Bin kurz vor dem Ende von Hilary Mantels *Wölfe*, dem ersten von zwei Romanen über Thomas Cromwell. Eine monumentale Arbeit, prächtig und anschaulich und vor Leben strotzend, man bewundert auf jeden Fall Mantels enormen Fleiß. Cromwell wird als ziemlich moderner und sensibler Mensch geschildert, der vor Grausamkeiten zurückschreckt oder sie zu vermeiden sucht, eine Zurückhaltung, die er im Dienst seines ersten Herren Thomas Wolsey lernte. Besonders beunruhigen ihn Strafen gegen Reformierte wie ihn selbst. Aber Grausamkeit ist unteilbar. Obwohl ihn Thomas Morus anwidert, weil dieser höchstpersönlich Häretiker folterte, lässt

Mantel Cromwell die Kartäuser, die am Galgen von Tyburn abgeschlachtet werden, dennoch als »vier verräterische Mönche« abtun.

Der Schurke dieses ersten Bandes ist Morus. Mantel steht dazu, eine Querdenkerin zu sein, und will Morus auf keinen Fall Anerkennung für seinen moralischen Mut zollen, sodass man den Eindruck bekommt, ihr Porträt Cromwells könne ebenso verzerrt sein wie Robert Bolts (oder Peter Ackroyds) von Morus, und zwar aus den gleichen Gründen: Beide werden menschlich und ihre Fehler verzeihlich, wenn ihre jeweiligen Anhänger sie vereinnahmen.

Vor dem Hintergrund dieses gewaltigen Werkes mögen das geringfügige Einwände sein, und dass man über den Roman redet wie über ein Geschichtsbuch oder zumindest eine Biografie, spricht für seine Kraft. Das eigene Unbehagen verliert sich im Unterholz der vertraulichen Mutmaßungen des Romans. Trotzdem stößt man immer wieder auf Ungerechtigkeiten: In den Kellern von Wolseys Cardinal's College verhungerten Clerke und Sumner, zwei häretische Gelehrte; zehn Kartäuser, die nicht in Tyburn hingerichtet wurden, verhungerten in Newgate. Clerke und Sumner werden erwähnt, die Kartäuser nicht. Das ist vielleicht das Vorrecht einer Autorin, und man muss sich selbst daran erinnern, dass dies ein Roman ist, aber Mantel lässt ihren Helden (und bis hierher ist er ein Held) immer mal wieder zu leicht davonkommen. Im nicht so fernen weiteren Verlauf der Geschichte werden wir an die Bestrafung von Bruder Forrest stoßen, der bei einer festlichen Zeremonie unter Cromwells Vorsitz langsam geröstet wurde. Man ist gespannt, wie Mantel damit umgeht.

Trotzdem muss ich zugeben, dass ich Lektüre über die Mitte des 16. Jahrhunderts als anstrengend empfinde, jedenfalls ebenso wenig vergnüglich wie eine Geschichte der Nazizeit oder eine Fernsehsendung über Stalins Terror. Ein Element von *Wölfe* ist die regelmäßige und unerschrockene Präsentation des Horrors. Zwar stehen auf Cromwells Schreibtisch Kornblumen, aber dies ist ein Roman über Folter, Tyrannei und Tod.

28. Oktober 2010
Lese wieder Geoffrey Grigson (*Recollections*), dieses Mal über den schottischen Dichter Norman Cameron, der mit einer Balletttänzerin liiert, aber doch ein wenig konsterniert war, als sie ihm im Bett von ihren Aktivitäten mit Primanern erzählte, und dass »ihr nichts mehr Vergnügen bereitete als der Blick eines Jungen, dem sie in einem Zug den Hosenschlitz öffnete und ihn bearbeitete, bis er auf ihre Hand kam«. Und dass »sie einen Jungen das letzte Mal so in einem leeren Abteil an der Küste von Cornwall verwöhnt hatte«.

Mal davon abgesehen, dass man den Primaner beneidet, fällt vor allem auf, was für einen Verlust für Literatur, Film und das Leben überhaupt die Abschaffung separater Abteile in Zügen bedeutet hat – eine ganze Kulisse geht verloren. Selbst wenn wir die Filme ausnehmen, denkt man an all die Szenen in Romanen, die in Zugabteilen spielen. Wäre dies irgendeine Literaturzeitschrift, dann würden Leser monatelang Material mit Beispielen einsenden – passend für die letzte Seite.

6. November 2010
Ich habe Bruce Chatwins Briefe gelesen, die (anders als etwa Larkins Briefe) meinen bisherigen Eindruck vom Autor nicht verändern. Sie verstärken nur das Bild, das ich durch Susannah Clapps Erinnerungen und Nicholas Shakespeares

Biografie gewonnen habe: Er ist jemand, der immer in Bewegung rund um die Welt ist – Reisen nicht als Unterbrechung der Arbeit, sondern als eine Möglichkeit, Arbeit zu erledigen. Er hat überall einen Unterschlupf, alles, was er an Welt braucht, an einigen der wildesten Orte des Planeten, die nichtsdestotrotz recht gemütlich sein können: das Albany, ein indisches Fort, ein Turm in Wales, eine griechische Insel, irgendwo kommt er immer unter. Und die Menschen kümmern sich um ihn, obwohl er (nach Aussage von Diana Melly) nie auch nur einen Finger rührt – bloß zu den Mahlzeiten auftaucht und einfach erwartet, dass das Essen fertig ist, da nie außer Frage steht, dass sein Schreiben das Wichtigste ist. Ich nehme an, das ist zum Teil Willenskraft, zum anderen Charme – dazu kommt noch sein bekanntermaßen gutes Aussehen, obwohl er mir das einzige Mal, da ich ihm persönlich begegnet bin, in den 1970ern auf einer Party von John Ryle (glaube ich), überhaupt nicht so gutaussehend vorkam. Er war bemerkenswert, kein Zweifel, aber körperlich mickrig und sein Kopf zu groß, fast insektenähnlich, ein Besucher von einem anderen Planeten.

Ein weiteres Ärgernis – und es ist ein Ärger, bei dem ich mir kleingeistig und herzlos vorkomme – hat mit seiner Selbstbezogenheit zu tun. Häufigstes Thema seiner Briefe ist der Fortschritt bei dem Buch, an dem er gerade arbeitet, und ich kann mir kaum vorstellen, dass dies seine Briefpartner so sehr beschäftigt wie ihn selbst.

Geld scheint bis auf die letzten Jahre immer knapp gewesen zu sein, aber nie so, dass es ernst wurde: Wenn die Reichen arm sind, dann sind sie nie so arm wie die Armen – und so war es auch bei ihm.

3. Juli 2011
Vor ein paar Wochen erwischte ich im Fernsehen ein paar Minuten von Zoltan Kordas Film *Vier Federn* (1939), nach dem Roman von A. E. W. Mason. Ich kann mich an den Film noch lebhaft aus der Zeit erinnern, als er herauskam. Zu den paar Minuten, die ich sah, gehörte auch die Szene, in der Durrance, gespielt von Ralph Richardson, seinen Tropenhelm verliert, während er auf einen Felsvorsprung in der Wüste klettert. Der Helm fällt hinab in den Sand, Durrance ist der brennenden Sonne ausgesetzt, die ihn erblinden lässt. Noch eine Szene ragt heraus. Der Held, Harry Faversham (John Clements) befürchtet, ein Feigling zu sein, und da er sich weigerte, mit seinem Regiment in den Sudan zu ziehen, will er sich nun beweisen, indem er unerkannt und als Einheimischer verkleidet seinen Ex-Kollegen hilft, die ihm Federn als Zeichen der Verachtung geschickt haben. Um seine Tarnung als harmloser Einheimischer zu verbessern, lässt er sich brandmarken, und diese Szene wird im Film sehr plastisch gezeigt, viel mehr, als das heute der Fall sein würde, denke ich.

Das Nachdenken über den Film brachte mich zurück zum Buch, das 1902 herauskam, immer noch lieferbar und der berühmteste und erfolgreichste von Masons vielen Romanen ist. Glücklicherweise lebte er lange genug, um noch etwas vom Ruhm und finanziellen Erfolg des Filmes zu profitieren, er starb 1948. Das Buch ist, kaum überraschend, weniger gradlinig als der Film, es geht eine ganze Weile darum, wer von den vier Federn wusste und ob die Soldaten, die Faversham drei Federn schickten, auch über die vierte Feder informiert waren – die von seiner vormaligen Verlobten Ethne kam. All das wiederholt sich ziemlich langatmig und erinnert in den moralischen Verästelungen eher an

Henry James. Es wird so oft durchgekaut, dass man sich schon fragt, ob das Buch zunächst vielleicht als Fortsetzungsroman erschienen ist. Jedes Kapitel hat natürlich einen Untertitel: »Durrance hört Neuigkeiten von Faversham«, »Das steinerne Haus«, »Colonel Trench vermutet Wissen über das Christentum«. Die Brandzeichenszene, die mir im Alter von fünf Jahren so Angst gemacht hat, kommt überhaupt nicht vor, und Faversham führt den erblindeten Durrance auch nicht durch die Wüste in Sicherheit. Wie vorauszusehen ist das Ende im Film mit der Schlacht um Omdurman spektakulärer als im Buch. Hier ist also – untypisch – der Film besser und interessanter als das Buch, das insgesamt doch etwas träge daherkommt.

16. Februar 2013
Bin zur London Library gegangen, die so leer wie an jedem Samstagnachmittag ist, um mir E. M. Forsters *Journals and Diaries* auszuleihen, nachdem ich mir verkniffen habe, sie für 285 Pfund zu kaufen. Darüber bin ich angesichts von Band 2, den ich den Rest des Tages gelesen habe, sehr froh, denn er ist kein Tagebuchschreiber und versucht es auch gar nicht richtig. Band 2 trägt den verführerischen Titel *The Locked Diary 1909-67*, aber nur der diensteifrigste Polizist würde hier Verfehlungen erkennen – allerdings zählten gewisse Blickwechsel mit jungen Männern wohl durchaus als solche, jedenfalls bis – na, bis 1967, als Homosexualität zugelassen wurde. Insgesamt scheint er nicht so schlecht gefahren zu sein, denn diverse waren ihm ebenso »zu Willen« wie die Damen bei Larkin. Auch wie bei Larkin ist sein Wohlbefinden häufig an das seiner Mutter geknüpft. Die Romane kommen kaum vor, eigentlich überhaupt keine Arbeit, allerdings kann ich das schwer beurteilen, da ich nur *Wiedersehen*

in Howards End gelesen, *The Longest Journey* oder *Auf der Suche nach Indien* hingegen nie geschafft habe. Habe ihn auch nur einmal gesehen, ich glaube, während ich in der Armee war: Als ich am King's Cross um eine Ecke kam, hätte ich ihn fast über den Haufen gerannt – was in seinen späteren Jahren leicht passieren konnte.

3. Mai 2013
Lese gerade Neil MacGregors *Shakespeares ruhelose Welt*. Es ist sehr gut, überwindet sogar mein Vorurteil (das auf A. L. Rowse zurückgeht) gegenüber Literatur über Shakespeare. Mir war beim Begräbnis von Richard Griffiths in Stratford nicht klar, dass Shakespeares Vater auf diesem Friedhof begraben liegt, auch wenn man nicht mehr weiß, wo sich das Grab befindet. Als ich also vor Beginn des Gottesdienstes nach draußen ging, um in einer abgeschirmten Friedhofsecke an eine der Eiben zu pinkeln, habe ich vielleicht auf das Grab von Shakespeares Papa gepisst. Viel schicklicher war, dass Richards mächtiger Sarg dort stand, wo vermutlich auch Shakespeares aufgebahrt war. Die Vorstellung hätte ihm sicher gefallen, wenngleich das im Gottesdienst nicht erwähnt wurde.

12. März 2015
In dieser Woche habe ich *Common Ground* von Rob Cowen und *The Places In Between* von Rory Stewart zu Ende gelesen, beides Bücher über wüste Gegenden, die bei Stewart in Afghanistan liegen, bei Cowen in fast schon komischem Kontrast dazu in und um Harrogate.

Stewart scheint im Verlauf seiner Geschichte ständig in Lebensgefahr zu schweben, im Gegensatz zu Cowen, der von seinem Vorstadtdomizil aus lediglich Expeditionen ins Gestrüpp und Unterholz um Bilton unternimmt, in der Nähe von Knaresborough. Als er eine Weile arbeitslos und seine Frau schwanger ist, macht Cowen sich mit der Umgebung vertraut, streift in den Randgebieten der Stadt herum, betrachtet Vegetation und Tierwelt, die zum Teil überraschend reichhaltig ist ... zum Beispiel eine Vielzahl von Hasen, Eulen, denen er nachspürt, und Rehwild, das wiederum ihm nachzuspüren scheint. Er hält das Vordringen der wohlmeinenden Planer und Interessengruppen fest, die in bester Absicht alles aufräumen, was ihnen unordentlich vorkommt, einen Radweg entlang einer alten Eisenbahntrasse anlegen und ständig mit neuen Wohnsiedlungen drohen. Es endet mit einer positiven Meldung zur heiklen Geburt von Cowens Baby, die er höchst lebendig und bewegend darstellt, und dass es schlussendlich überlebt, treibt einem fast Tränen in die Augen. Cowen schreibt sehr gut und ohne die stilistische Verfeinerung, die einige andere Naturschriftsteller pflegen.

Warum Stewarts Buch so fesselt, ist schwer zu sagen. Zum Teil liegt es an den physischen Entbehrungen, die er sich auferlegt, meist friert er und ist pitschnass, ständig macht er seine Kleider dreckig, ohne dass je erwähnt würde, wann er sie wieder wäscht. Auf seinem mühsamen Weg durch Afghanistan von Herat nach Kabul bekommt er nur selten eine ordentliche Mahlzeit. Sein einziger dauerhafter Begleiter ist ein heruntergekommener Mastiff, den er adoptiert hat und der ihm das Leben nicht erleichtert, sondern mehr Aufmerksamkeit braucht als ein kleines Kind. Beeindruckt von seiner Zähigkeit und Zielstrebigkeit fragt man sich, wie er seine gegenwärtigen Tory-Kollegen im Unterhaus erträgt. Beide Bücher sind so großartig, dass mir jetzt nach der Lektüre eindeutig etwas fehlt.

13. April 2015
Lese erneut *Portnoys Beschwerden* und bin nicht erstaunt, wie Dad vor knapp 50 Jahren reagiert hat. Denn so wie es ihn wahrscheinlich damals schockiert hat, schockiert es jetzt mich, auch wenn ich glaube, dass er gar nicht mehr als ein paar Seiten gelesen, sondern es zurückgestellt und nie wieder ein Wort darüber verloren hat. Wahrscheinlich hatte er gehofft, dass es mehr in Richtung Nancy Mitford geht, die er zu meiner Überraschung sehr witzig fand. 50 Jahre später bringt *Portnoy* mich noch immer zum Lachen, und für jemanden, der sehr gehemmt ist oder (merkwürdige Vorstellung) Wichsen für etwas Sündhaftes hält, ist das Buch eine Befreiung, dabei aber ganz und gar nicht erotisch. Der Stil ist auch heute noch ein Genuss.

28. Mai 2015
Adam Nicolsons Buch über Homer *(The Mighty Dead)* zu Ende gelesen, das in Teilen überfrachtet, aber sehr unterhaltsam ist. Es endet, wie auch die *Odyssee* endet, mit Odysseus' Rückkehr nach Ithaka, der Abschlachtung von Penelopes Verehrern und dem Aufhängen ihrer Dienerinnen, so grauenhafte Szenen, dass jegliche Sympathie für den Heimkehrer, sofern man sie überhaupt hatte, endgültig verfliegt. In meinem Fall war die ohnehin nicht besonders ausgeprägt, denn er scheint mir ein kolossaler Langweiler zu sein ... und das dürfte im Lauf der Zeit nur noch schlimmer werden. Hat irgendjemand über seine späten gemeinsamen Jahre mit Penelope geschrieben, falls es die gab? Es wäre wohl, wie an der Seite von Feldmarschall Montgomery alt zu werden.

31. Dezember 2015, Yorkshire
Möchte dieses Jahr mit etwas Klangvollem beschließen, allein ich weiß nicht was. Es sind die leeren

Tage zwischen den Jahren, wo nichts passiert, und an diesem letzten Nachmittag des Jahres 2015 geschieht besonders wenig. Ich bin jetzt einundachtzig, und obwohl sich das schon eine Weile ankündigt, bin ich doch ein wenig überrascht. Wie schon in der Vergangenheit tröstet mich, was der argentinische Autor Jorge Luis Borges im Rückblick auf sein Leben sagte: »Alle Bücher, die ich je geschrieben haben, erfüllen mich nur mit einem komplexen Gefühl von Reue.«

Ich verstehe das so, dass er nie das vollkommene Buch geschrieben hat. Wer hat das schon?

Und so machen wir weiter, immer weiter.

Alan Bennetts Texte zur Literatur erscheinen hier erstmals als eigener Band. Die Auswahl wurde von Lena Luczak in Absprache mit dem Autor zusammengestellt und zum Teil gekürzt.

Aus *Writing Home* (© Forelake Limited, 1994, 1997):
Der Verrat der Bücher (bereits bei Wagenbach 2004 erschienen in *Die Lady im Lieferwagen*)
Kafka in Las Vegas
Oh weh! Getäuscht! (Rezension von Andrew Motions Biografie *Philip Larkin: A Writer's Life*, Faber & Faber, 1993)
Statt eines Geschenks (Beitrag für die Festschrift *Larkin at Sixty*, hg. v. Anthony Thwaite, Faber & Faber, 1982)
Der Versicherungsbeamte Dr. K
Lektüren 1980–1994

Aus *Untold Stories* (© Forelake Limited, 2005):
Denton Welch (Einführung zu *Denton Welch: Writer and Artist. A Biography* von James Methuen-Campbell, Tauris Parke, 2002)
Codebücher
Prüfungslesen
Aus dem Fenster starren
Lektüren 1997–2004

Aus *Keeping on, keeping on* (© Forelake Limited, 2016):
Ratlos vor dem Regal (Erstveröffentlichung in der *London Review of Books* am 28.7.2011, vorgetragen in der St Mary's Church in Primrose Hill, London am 15.6.2011)
Lektüren 2007–2015

Alan Bennett, 1934 in Leeds geboren, wurde bekannt durch seine TV-Comedy-Revue *Beyond the Fringe*. Er ist einer der populärsten britischen Dramatiker. Neben zahlreichen Theaterstücken und seinen Arbeiten für Fernsehen und Rundfunk schreibt Bennett seit Mitte der neunziger Jahre auch Prosa, unter anderem den Erfolgstitel *Die souveräne Leserin*.

Alan Bennett bei Wagenbach

Alan Bennett geht ins Museum

Alan Bennett liebt die Kunst. Aber ob die Kunst ihn liebt, so wie er über sie spricht, ist ungewiss.
Er erzählt einiges über skurrile englische Gebräuche und verrät Anekdoten und Ernsthaftigkeiten aus seinem eigenen bewegten Leben. Sie werden die Welt der Museen fortan anders betreten, beschwingter in jedem Fall.
Aus dem Englischen von Ingo Herzke
SVLTO. 144 Seiten. Gebunden mit Schildchen und Prägung. Rotes Leinen. Fadengeheftet. Mit vielen Abbildungen

Leben wie andere Leute

Alan Bennett blickt zurück auf das Leben seiner Eltern und eine Kindheit zwischen ebenso verschrobenen wie liebenswerten Verwandten. In seinem Familienporträt erzählt er von den Hoffnungen und Enttäuschungen der Bennetts, von ihrer Sehnsucht, so zu leben wie andere.
Aus dem Englischen von Ingo Herzke
SVLTO. 168 Seiten. Gebunden mit Schildchen und Prägung. Rotes Leinen. Fadengeheftet. Mit vielen Fotos

Die souveräne Leserin

Eine Liebeserklärung an die Queen und an die Literatur: Wer hätte gedacht, dass das zusammenpasst?!
Aus dem Englischen von Ingo Herzke
SVLTO. 120 Seiten. Gebunden mit Schildchen und Prägung. Rotes Leinen. Fadengeheftet

Ein Kräcker unterm Kanapee

Muttersöhnchen und Stubenhocker in den Wechseljahren, frustrierte Ehefrauen und Softpornodarstellerinnen, übereifrige Briefeschreiberinnen und trauernde Witwen – Bennett schöpft aus dem Vollen. Die spinnen, die Briten ...
Aus dem Englischen von Ingo Herzke
SVLTO. 144 Seiten. Gebunden mit Schildchen und Prägung. Rotes Leinen. Fadengeheftet

Miss Fozzard findet ihre Füße

Der alltägliche Kampf um den besten Platz in der Kantine, Tragödien hinter Ligusterhecken und Intrigen in der Auslegewaren-Abteilung: Bennetts britische Helden sind uns näher, als wir denken.

Aus dem Englischen von Ingo Herzke
SVLTO. 144 Seiten. Gebunden mit Schildchen und Prägung. Rotes Leinen.
Fadengeheftet

Handauflegen

Wieder nimmt Bennett die britische Gesellschaft aufs Korn: Diesmal sorgt der unzeitgemäße Tod eines ihrer Lieblinge für Angst und Schrecken unter den Reichen und Schönen Londons.

Aus dem Englischen von Ingo Herzke
WAT 606. 96 Seiten. Broschur

Così fan tutte *Eine Geschichte*

Mit allen Finessen der Ironie erzählt Bennett die Geschichte eines englischen Middleclass-Ehepaars, das vom Opernbesuch nach Hause kommt und seine Wohnung vollkommen leer vorfindet. Mit dem Verlust der gediegenen Einrichtung beginnt für sie ein neues, weniger weich gepolstertes Leben.

Aus dem Englischen von Brigitte Heinrich
SVLTO. 120 Seiten. Gebunden mit Schildchen und Prägung. Rotes Leinen.
Fadengeheftet

Schweinkram *Zwei unziemliche Geschichten*

Prüde Briten? Alan Bennett blickt durchs Schlüsselloch und offenbart Erstaunliches über das Privatleben unserer Nachbarn auf der Insel.

Aus dem Englischen von Ingo Herzke
SVLTO. 144 Seiten. Gebunden mit Schildchen und Prägung. Rotes Leinen.
Fadengeheftet

Wenn Sie mehr über den Verlag und seine Bücher wissen möchten, schreiben Sie uns eine Postkarte oder elektronische Nachricht (mit Anschrift und E-Mail). Wir informieren Sie dann regelmäßig über unser Programm und unsere Veranstaltungen.

Verlag Klaus Wagenbach   Emser Straße 40/41   10719 Berlin
www.wagenbach.de   vertrieb@wagenbach.de

Der souveräne Leser erschien im Frühjahr 2020 als 250. S*V*LTO.

Die Auswahl der Texte (siehe Quellenverzeichnis S. 140) basiert auf drei Büchern Alan Bennetts: WRITING HOME © Forelake Ltd, 1994, 1997 UNTOLD STORIES © Forelake Ltd, 2005 KEEPING ON, KEEPING ON © Forelake Ltd, 2016

© 2020 für die Auswahl und die deutsche Ausgabe:
Verlag Klaus Wagenbach, Emser Straße 40/41, 10719 Berlin
www.wagenbach.de
Umschlaggestaltung Julie August unter Verwendung eines Portraits Alan Bennetts von 1966 © University of Dundee »The Peto Collection«. Gesetzt aus der Bodoni Old Face von Sebastian Maiwind, Berlin. Vorsatzpapier von peyer graphic, Leonberg. Leinen von Gebr. Schabert, Strullendorf. Gedruckt auf chlor- und säurefreiem Papier (Schleipen) und gebunden bei Kösel, Krugzell. Alle Rechte vorbehalten. Printed in Germany

ISBN 978 3 8031 1349 8

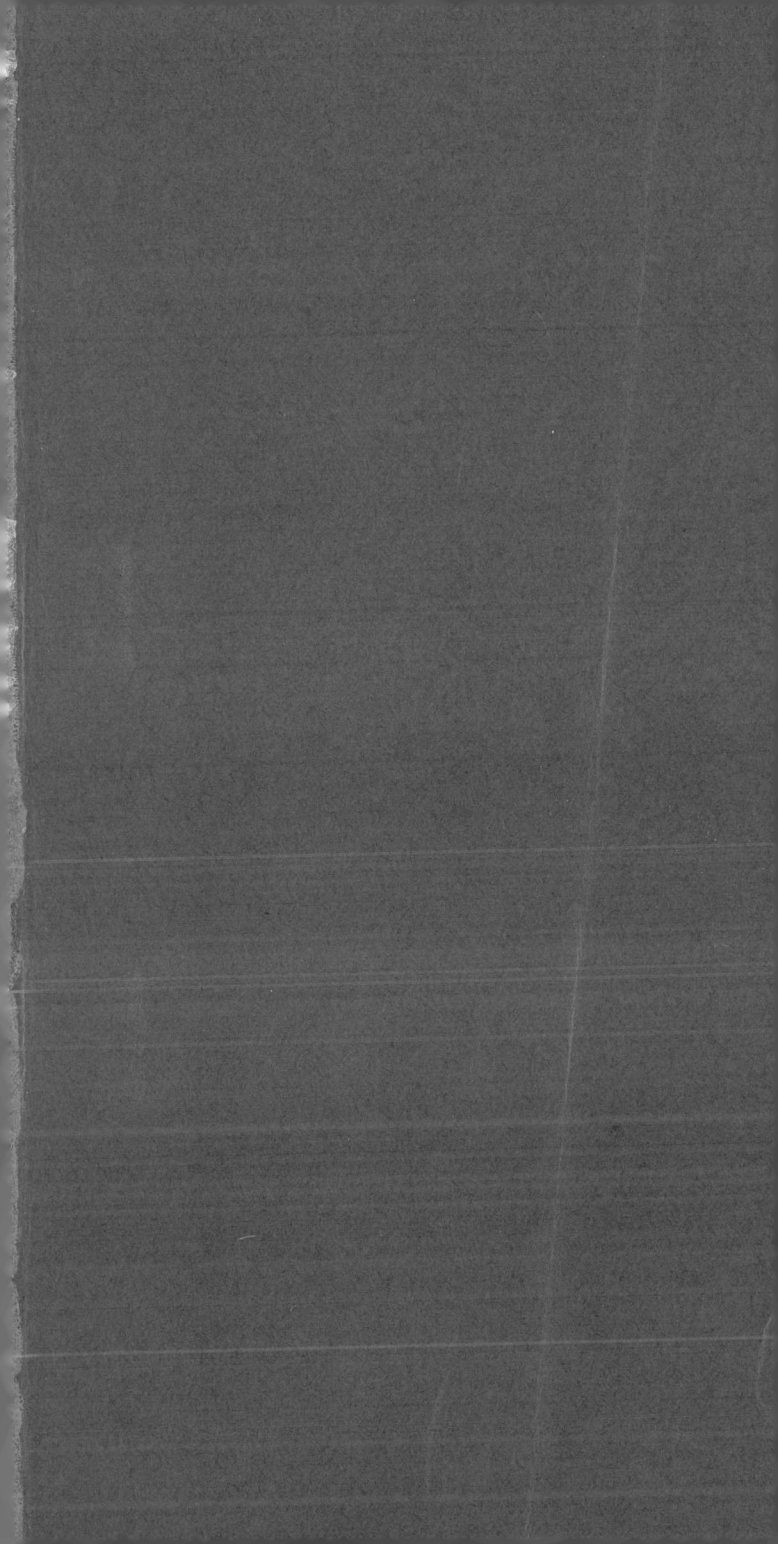